Brigitte Rauth-Widmann

Meine Ratten

Rund um die Ratte
Gut versorgt
Natürlich gesund
Spiel & Spass
Verhalten verstehen

KOSMOS

Ratten – kleine Nagetiere mit wechselvoller Geschichte. Wild lebend als Nahrungsmittelschädlinge und Krankheitsüberträger unerbittlich verfolgt, als Labortiere im Dienste unserer Gesundheit zu Abermillionen verbraucht, gewinnen als Heimtiere gezüchtete Ratten derzeit immer mehr Liebhaber. Ihr geselliges Verhalten und ihr unkompliziertes Wesen faszinieren Kinder wie Erwachsene.

RUND UM DIE RATTE

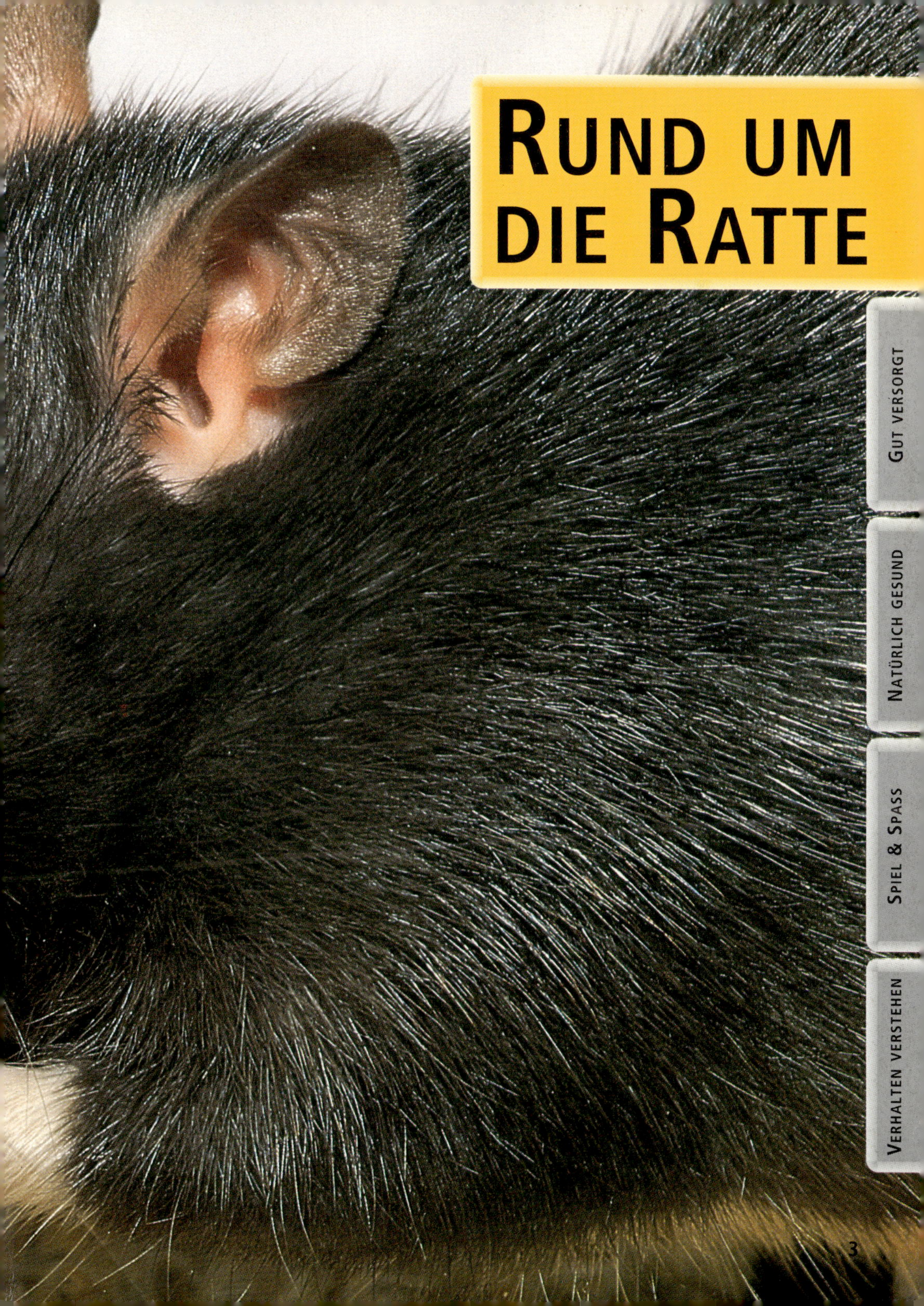

Charaktertiere

Ratten sind ideale Heimtiere. Die freudige Bereitschaft, mit der sie zu uns Menschen Kontakt aufnehmen, beeindruckt sogar Skeptiker.

Ratten sind Individualisten. Was die eine genießt, muß der anderen noch lange nicht behagen. Ihre besonderen Vorlieben beschränken sich aber nicht nur auf die Futterwahl, auch ihr Erkundungsverhalten innerhalb des Käfigs oder beim täglichen Freilauf in der Wohnung ist individuell recht unterschiedlich, ebenso das Verhalten ihren menschlichen Betreuern gegenüber. Das Alter der kleinen Nager und ihr sozialer Status innerhalb der Gruppe spielen gleichfalls eine Rolle, wenn es z. B. darum geht, den begehrten Aussichtsplatz auf der Schulter des Menschen noch vor den anderen Gruppenmitgliedern zu besetzen.

Mit Heimtierratten zusammenzuleben, bedeutet: Nie mehr Langeweile! Statt dessen werden der Erfindergeist und der Weitblick eines Rattenhalters täglich aufs neue gefordert. Denn die possierlichen und intelligenten „Knopfaugen“ sind für jede neue Idee zu haben und allzeit zu Schabernack bereit, selbst noch als zweijährige Senioren. Ihre Verhaltensweisen, ihre differenzierte Körpersprache und ihre sozialen Interaktionen zu beobachten, ist eine herrliche und erquickende Ablenkung vom Streß des Tages. Vor allem deswegen, weil man von den verspielten und lernfreudigen Kleinen sogleich in sämtliche Ereignisse mit einbezogen wird und so unversehens inmitten des Geschehens steht. Es ist wirklich beeindruckend, wie diese geselligen und unternehmungslustigen Tiere ihre starke Sozialbindung auch auf uns Menschen übertragen, wie sie uns zärtlich groomen und durch ihre Spielaufforderungen zum Mitmachen animieren. Und dies vor dem Hintergrund der jahrhundertealten Vorurteile, mit denen nicht nur ihre wilden Verwandten, sondern auch unsere Heimtierratten vielerorts zu kämpfen haben.

Herkunft und Verbreitung

Faszination Ratte

Genügsame Anpassungskünstler

Wilde Wanderratten geben sich mit fast jedem Lebensraum und jedweder Nahrung zufrieden. Von zahlreichen Freßfeinden bedroht, können sie es sich auch gar nicht leisten, wählerisch zu sein. Trotzdem dauert ihr kurzes Leben in freier Wildbahn meist nur zwei Jahre. Ihre extrem hohe Fortpflanzungsrate macht dies jedoch wieder wett, so daß Wanderratten zu den erfolgreichsten Nagetieren auf unserem Planeten zählen.

Gesellige Großfamiliengründer

Ein Leben in der Sippe bietet viele Vorteile, kann aber auch Nachteile wie Streitigkeiten mit sich bringen. Ein ausgeklügeltes Verhaltensrepertoire mit einer äußerst differenzierten Körper- und Lautsprache und Duftsignalen ermöglicht es den kleinen Überlebenskünstlern, friedfertig miteinander umzugehen.

Geniale Tüftler

Ihre Spezialisierung auf das „Nicht-Spezialisiertsein" macht Wanderratten extrem flexibel. Voraussetzung ist die lernbereite Steuerzentrale, das nur rund 2 g schwere Rattengehirn. Wie intelligent die „Geistesriesen unter den Nagern" tatsächlich sind, haben sie uns in zahllosen Lernexperimenten eindrucksvoll bewiesen.

Als zu Beginn des 18. Jahrhunderts Wanderratten (*Rattus norvegicus*) aus dem asiatischen Raum in großen Scharen auf dem Seeweg auch nach Europa und Nordamerika gelangten, konnte man sich noch keine Vorstellung davon machen, welche Bedeutung diese Tiere einmal für die Menschheit erlangen würden. Wildlebende Ratten sind selbst heute noch Sinnbild für Krankheitsübertragung und Nahrungsmittelvernichtung. Laborratten dagegen stehen für Gesundheitsvorsorge und erfolgreiche Bekämpfung von menschlichen sowie tierischen Erkrankungen. Heimtierratten schließlich sind zu Kult- oder Kuscheltieren unserer Kinder und Jugendlichen avanciert. Eine erstaunliche Leistung für diese kleinen Säugetiere mit nur gut einem halben Pfund Lebendgewicht.

Balancierkünstler erobern die Welt

Wanderratten sind sehr gewandte Kletterer, ähnlich wie ihre engsten Verwandten, die Hausratten (*Rattus rattus*). Mühelos gelangten sie über Taue und Seile an Bord verschiedenster Boote und Schiffe und reisten anschließend als

Auch als Nahrungsmittelschädlinge sind wilde Ratten gefürchtet.

„blinde Passagiere“ von Kontinent zu Kontinent. Man vermutet, daß ihre Verbreitung aus ihren Ursprungsgebieten – den Steppen Asiens, Nordchinas und der Mongolei – zunächst über den Landweg „in Richtung Wasser“ und von dort mit dem Schiffsverkehr nach Europa und etwas später auch nach Nordamerika führte. Dank natürlicher Wanderungsbewegungen sowie unserer „ungewollten“ Mithilfe konnten sich insbesondere die äußerst flexiblen Wanderratten dabei innerhalb weniger Jahrzehnte nahezu weltweit und flächendeckend ausbreiten.

An ihren Anlandeorten fanden die Tiere häufig keine günstigen Bedingungen vor. Dank ihrer Anspruchslosigkeit, ihrer enormen Anpassungsfähigkeit und ausgeprägten Neugierde gelang es ihnen dennoch, Fuß zu fassen und die unterschiedlichsten Lebensräume erfolgreich und auf Dauer zu besiedeln; den feuchtigkeitsliebenden Wanderratten in einem noch wesentlich größeren Umfang als den eher auf Trockenheit spezialisierten Hausratten.

Krankheitsüberträger Wildratte

Wie alle Wildtiere können auch wildlebende Ratten Krankheitserreger auf Menschen und Nutztiere übertragen. Anders als häufig behauptet, waren es aber nicht die graubraunen Wanderratten (engl.: brown rat), also die Urahnen unserer Heimtierratten, die die verheerenden Pestepidemien des Mittelalters mit verursachten, sondern die schwarzgefärbten Hausratten (engl.: black rat), die bereits im 13. Jahrhundert bei uns Einzug hielten. Aber auch sie waren es nicht selbst, die die Menschen mit der tödlichen Erkrankung ansteckten, sondern die

auf ihnen parasitierenden und mit dem *Bakterium Yestinia pestis* infizierten Pestflöhe.

Die katastrophalen hygienischen Verhältnisse in den Siedlungen dieser frühen Tage leisteten Krankheitsausbreitungen ganz allgemein Vorschub. Und Abfälle in Hülle und Fülle verbesserten gleichzeitig die Lebensgrundlage aller wildlebenden Nagerpopulationen. Kein Wunder also, daß den unterschiedlichsten Erkrankungen Tür und Tor geöffnet waren.

Wilde Müllkippen und die Gefahren

Ungeachtet dieser Tatsachen sind wir heute wieder dabei, den Bestand wildlebender Wanderratten überdurchschnittlich zu erhöhen und uns damit erneut Probleme zu bescheren. Denken wir in diesem Zusammenhang nur an unsere wilden Müllkippen, an die Essensreste im WC oder die gekochten orga-

Neugierige, unternehmungslustige Kletterkünstler. Oben: Champagne-Hooded-Ratte. Unten: Ratte mit Siam-Markierung.

nischen Abfälle auf unserem Gartenkompost, die die vielerorts verhaßten Nager magisch anziehen und mit denen wir ihnen erneut beste Ernährungsbedingungen und damit günstigste Lebens- und Fortpflanzungsmöglichkeiten schaffen.

Um Schäden in der Landwirtschaft sowie Krankheitsgefahren gering zu halten, sollten wir peinlichst darauf achten, daß diese Wildtiere nicht überhandnehmen können. Dies ist auch leicht möglich, wenn wir ihren natürlichen Freßfeinden wie Luchs, Wildkatze, Wanderfalke & Co. wieder eine Chance geben, sich bei uns anzusiedeln. Mit übereilten und unkontrollierten Vernichtungsfeldzügen – beispielsweise mit Giften – ist diesen pfiffigen Überlebenskünstlern nämlich nicht beizukommen. Dazu sind Ratten viel zu anpassungsfähig.

Einblick in die Systematik:

Ordnung:	Nagetiere (Rodentia)
Unterordnung:	Mäuseverwandte (Myomorpha)
Familie:	Mäuse (Muridae)
Gattung:	Eigentliche Ratten (*Rattus*)
Art:	Hausratte (*Rattus rattus*)
Art:	Wanderratte (*Rattus norvegicus*) * Laborratten * Heimtierratten

Vielseitigkeit ist ihre Stärke

In ihren Ursprungsgebieten leben Wanderratten auch heute noch hauptsächlich in den weitverzweigten Gangsystemen ihrer selbstgegrabenen Erdbaue. Besonders an Uferböschungen sind ihre sorgfältig ausgepolsterten, geräumigen Wohnkessel mit den langen, verzweigten, bisweilen blind endenden Gängen und den Vorratskammern zu finden.

Hierzulande können Ratten ihre Baue weitaus seltener in feuchten Wiesen oder Ackerflächen anlegen. Sie müssen zum Beispiel auf feuchte Keller und unterirdische Lagerräume ausweichen. Dank ihrer geringen Spezialisierung auf einen fest umschriebenen Lebensraum nehmen die kleinen, anspruchslosen Nager aber auch mit solchen un-

Steckbrief Wanderratte:

Körpergewicht:
250–450 g

Körperlänge:
20–26 cm

Schwanzlänge:
18–22 cm

Schwanz und Ohren:
spärlich behaart

Fellfarbe:
graubraun = agouti

Lebensraum:
in Gewässernähe, auf feuchten Wiesen und Feldern; auch auf Müllhalden und im Kanalisationssystem („Wasserratte")

Lebensweise:
hauptsächlich dämmerungsaktiver Nager, der geschickt klettert und umfangreiche Gangsysteme gräbt.

Ernährung:
Überwiegend vegetarisch; gelegentlich werden auch kleine Tiere erbeutet.

Besonderheiten:
Kann sehr gut schwimmen und tauchen. Ist hochsozial, äußerst flexibel, intelligent und hat ein exzellentes Ortsgedächtnis.

wirtlichen Umfeldern vorlieb. Selbst in unserem weitverzweigten, übelriechenden Kanalisationsnetz kommen Ratten noch gut zurecht. Dort klettern und schwimmen sie äußerst gewandt und fischen mit charakteristischen Seihbewegungen der Vorderpfötchen noch Freßbares aus dem Abwasser. Sogar ausdauernd tauchen können sie. Verschließbare Nasenlöcher machen dies möglich.

Auf bestimmte Futtersorten haben Wanderratten sich ebensowenig spezialisiert. Deshalb können sie bei Nahrungsknappheit relativ problemlos auf andere Kost umsteigen. Obwohl Wanderratten überwiegend vegetarisch leben, ziehen sie tierische Nahrung vor. Die geschickten Nager können auch kleine Tiere erbeuten und Vögel fangen. Meist begnügen sie sich aber doch mit „Überresten". Deshalb finden diese genügsamen Tiere selbst auf unseren Müllhalden noch ihr Auskommen. Dort sieht man sie bei der Futtersuche mitunter sogar tagsüber von einer Deckung zur anderen huschen. Für ein ursprünglich rein dunkelaktives Lebewesen eine bemerkenswerte Gewöhnungsleistung.

Anpassungsfähigkeit und die Folgen

Ihre große Vielseitigkeit und enorme Anpassungsfähigkeit hat speziell den Wanderratten nicht nur Vorteile und erhöhte Überlebenschancen im Freien eingebracht. Diese Eigenschaften boten natürlich zudem allerbeste Voraussetzungen für ihren Einsatz zum Beispiel in wissenschaftlichen Versuchslaboratorien und unter Extrembedingungen. So fanden in den letzten Jahrzehnten vor allem in der biomedizinischen und der Arzneimittelforschung Abermillionen ihrer gezielt als Versuchstiere gezüchteten Nachfahren (Laborratten) einen bisweilen grausamen Tod.

Über den Nutzen mancher Untersuchungen und Versuchsreihen wurde – und wird – heftig diskutiert. Doch geeignete „Ersatzmethoden“, zum Beispiel an Zellkulturen, sollen es bald möglich machen, den „Verbrauch“ an Laborratten auf ein Minimum zu reduzieren.

Neben solchen „umstrittenen“ Tierversuchen wurden mit Ratten aber auch zahlreiche „unblutige“ und äußerst aufschlußreiche verhaltensbiologische Untersuchungen, etwa mit lerntheoretischem Hintergrund, unternommen, ebenso Studien über ihr Sozialverhalten. An wildlebenden Rattenpopulationen ebenso wie an in großen Käfigen gehaltenen Haus-, Wander- und Laborratten. Die Ergebnisse dieser „Experimente“ brachten interessante Einblicke in das Privatleben und die Leistungsfähigkeit der kleinen Nager. Ein nicht zu unterschätzender positiver Effekt auch für die artgerechte Haltung unserer Heimtierratten. Denn wer hätte geahnt, welche gravierenden Auswirkungen und ernsthaften Folgen es für die Gesundheit der Ratten haben kann, wenn die geselligen Tiere ohne Artgenossen einzeln gehalten werden? Ja, sogar ihren plötzlichen Tod kann es bedeuten.

Nahaufnahme: Überlebenskünstler

Augen

Ihre großen hervortretenden Augen sitzen weit seitlich am Schädel und ermöglichen den Ratten eine fast völlige „Rundumsicht". Das ist ein großer Vorteil, wenn man bedenkt, wie viele Freßfeinde es rechtzeitig zu entdecken gilt. Da die Gesichtsfelder ihrer Augen sich nicht wie bei uns Menschen deutlich überschneiden, haben Ratten allerdings fast kein räumliches Sehvermögen. Deshalb können sie optisch nur schlecht Entfernungen abschätzen.

Ihr Bewegungssehen scheint dagegen recht gut entwickelt zu sein. Nicht so das Farbensehen. Obwohl Ratten in ihrer Netzhaut neben den zahlreichen hell-dunkel-empfindlichen Sinneszellen (Stäbchen) auch einige für Farben empfängliche Rezeptoren (Zapfen) mit einer maximalen Empfindlichkeit im „Grünbereich" (510 nm) besitzen, erwiesen die Tiere sich in Verhaltensexperimenten dennoch nicht als farbtüchtig. Ihre optische Welt erscheint ihnen wohl nur in verschiedenen Grautönen und noch dazu recht unscharf.

Dennoch schaffen es Ratten, ein absolut eindeutiges „Bild" ihres direkten Umfeldes zu erhalten. Wie? Dazu gleich mehr.

Geruchssinn

Ratten sind Nasentiere, sogenannte Makrosmaten. Ihr besonders gut ausgeprägtes Riechvermögen ist sicher die bedeutendste Sinnesleistung in ihrem Leben. Nicht nur bei der Futtersuche und der Unterscheidung bestimmter Nahrungsstoffe, sondern auch bei der Partnerwahl, dem Erkennen von Rudelmitgliedern oder anderen Artgenossen sowie bei der Markierung des Reviers spielt der Geruchssinn eine ganz entscheidende Rolle. So können Rattenmännchen zum Beispiel brünstige weibliche Tiere eindeutig von nicht fortpflanzungsbereiten unterscheiden, außerdem gestreßte Tiere von völlig entspannten, und dies allein mit Hilfe ihres Geruchsvermögens.

Ihre ausgezeichnete Geruchsempfindlichkeit kommt nicht von ungefähr: Ratten besitzen eine relativ große Nase, eine großflächige, recht dicke Riechschleimhaut und darin angeordnet unzählige, sehr empfindliche, mit feinsten Nervenendigungen versehene Riechsinneszellen. Außerdem wird die Rattennase von Schleimdrüsensekreten stets etwas feucht gehalten, was die Geruchswahrnehmung noch verbessert. Das aber ist noch nicht alles: Auch die Verarbeitungszentrale für Duftinformationen in ihrem Gehirn ist ganz hervorragend entwickelt und im Vergleich zum menschlichen Riechhirn extrem vergrößert.

Darüber hinaus besitzen die kleinen Nager einen für Duftinformationen empfänglichen spezialisierten Teil in ihrer Nasenhöhle, das Jacobson'sche Organ, das insbesondere beim „Wittern" in Aktion zu treten scheint. Auch Hunde haben dieses zusätzliche Riechelement. Dem „Schlecht-Riecher" Mensch dagegen fehlt es. Zum „Sichern" bzw. „Wittern" recken Ratten – meist frei im Raum auf den Hinterbeinen stehend – ihr heftig vibrierendes Näschen möglichst hoch in die Luft. Das Schnäuzchen wird dabei leicht geöffnet. Sexuallockstoffe (Pheromone) von Artgenossen werden so eingefangen und „verarbeitet". Auch Duftinformationen aus der Nahrung scheinen über diesen Teil des Riechsystems aufgenommen zu werden.

Damit aber nicht genug: Die Leistungsfähigkeit des Geruchssinnes von Ratten hält noch weitere Überraschungen bereit. So ist die Riechfähigkeit und das Differenzierungsvermögen für verschiedene Duftstoffe stark von innersekretorischen Prozessen abhängig, wie zum Beispiel vom weiblichen Sexualhormonspiegel. Während des Höhepunktes der Brunst (Östrus) zeigen Rättinnen ein viel feineres Geruchsunterscheidungsvermögen als sonst, und diese Veränderung in der Geruchswahrnehmung tritt rhythmisch und entsprechend ihres Fortpflanzungszyklus alle vier bis fünf Tage auf. Überhaupt zeigen Rättinnen im Vergleich zu Böcken eine deutlich bessere Riechleistung. Vermutlich aufgrund der größeren Riechzellendichte in ihrer Nase. Die Geruchssinneszellen sind bei der Geburt der Welpen noch nicht voll entwickelt. Erst ab einem Alter von rund 20 Tagen erlangen sie ihre volle Ausprägung. Das Maximum ihrer Riechempfindlichkeit erreichen Ratten im Alter von rund sieben Monaten. Bei sehr alten Tieren kann die Riechleistung etwas nachlassen. Gerüche „hoch geschätzter Leckerbissen" allerdings werden selbst noch im hohen Alter in winzigsten Konzentrationen zweifelsfrei wiedererkannt.

Für ihre ausgesprochen differenzierte geruchliche Kommunikation bedienen Ratten sich zum einen ihres Kots bzw. Harns und zum anderen ihrer zahlreichen Duftdrüsensekrete. Gerade Rattenböcke benutzen bevorzugt Harn als Duftmarke und

Die extrem beweglichen Tasthaare der Oberlippe sind sehr symmetrisch angeordnet und stets voneinander weg orientiert. So dienen sie nicht nur dem Tasten, sondern auch der Objekt-Erkennung.

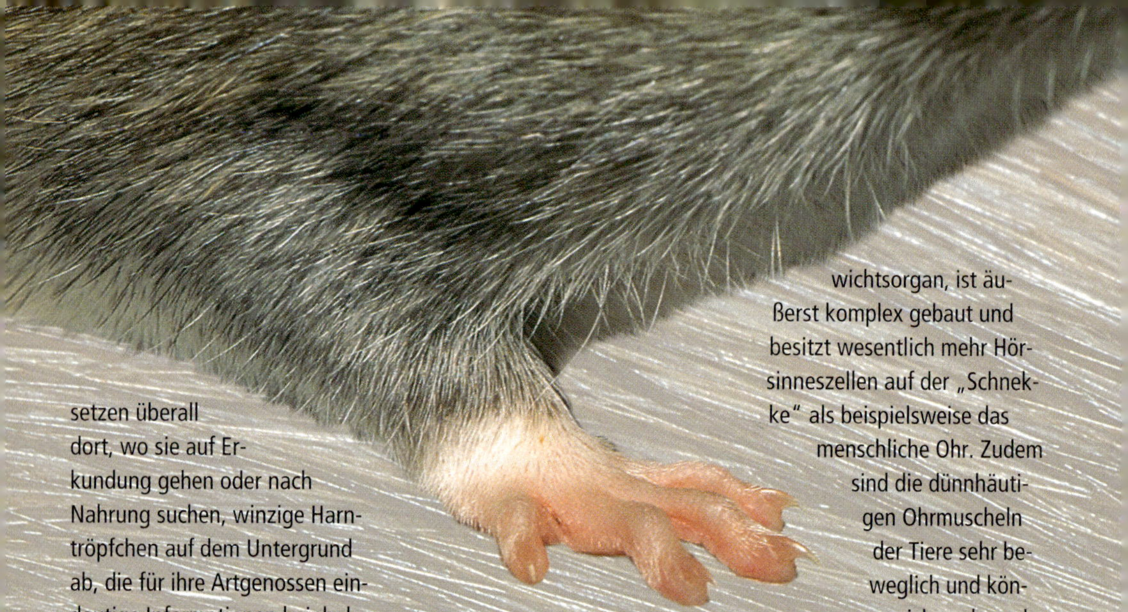

setzen überall dort, wo sie auf Erkundung gehen oder nach Nahrung suchen, winzige Harntröpfchen auf dem Untergrund ab, die für ihre Artgenossen eindeutige Informationen beinhalten. Verschiedenen Duftsignalen im Speichel (und möglicherweise der Hautdrüsen) eines rattigen Gegenübers können die kleinen Nager ebenfalls wichtige Details entnehmen. Hierzu ein kurzer Exkurs in die Verhaltensforschung.

In einem dreiarmigen Labyrinth wurden Laborratten trainiert, nach Nahrung zu suchen. Jeder Arm des Labyrinthes enthielt jeweils Nahrung einer bestimmten Geschmacksrichtung, entweder Käse, Zimt oder Kakao. Im ersten Teil des Experiments lernten die Ratten, daß an jedem Tag nur in einem der Gänge Futter bereitstand. Dabei war nicht vorhersehbar, in welchem der drei. Während der eigentlichen Versuchstage durften die Tiere an einer „Demonstrations-Ratte" im Nachbarkäfig riechen. Diese Ratte hatte das für den jeweiligen Tag zufällig ausgewählte Futter gefressen. Die Mehrzahl der getesteten Tiere, die an dieser Ratte schnuppern durften, gingen bei der ersten Wahl des Tages sofort zum richtigen Arm des Labyrinthes.

In einem späteren Experiment konnte nachgewiesen werden, daß es allein der Geruch des Futters war, den die „Testratten" an der „Demonstrationsratte" wahrgenommen hatten. Etwas Ähnliches können wir übrigens auch, oder kennen Sie nicht die Frage Ihres Partners: „Hast du Knoblauch gegessen?"

Hörleistungen

Ratten besitzen auch ein sehr leistungsfähiges Gehör. Speziell das Innenohr, mit dem ebenfalls dort befindlichen Gleichgewichtsorgan, ist äußerst komplex gebaut und besitzt wesentlich mehr Hörsinneszellen auf der „Schnekke" als beispielsweise das menschliche Ohr. Zudem sind die dünnhäutigen Ohrmuscheln der Tiere sehr beweglich und können sich auch unabhängig voneinander, wie kleine Mikrofone nach der zu ortenden Geräuschquelle ausrichten. Dadurch sind Ratten in der Lage, schwächste Schallwellen aus ihrer Umgebung einzufangen. Ja, sogar die Möglichkeit der Orientierungshilfe durch Echoortungssignale wird diskutiert.

Ratten haben demnach allerbeste Möglichkeiten, eine Geräuschquelle genau zu identifizieren, indem sie deren Richtung exakt bestimmen und darüber hinaus noch sehr geringe Intensitäten sowie feinste Frequenzunterschiede wahrnehmen können. Wie andere Kleinnager hören auch sie bis in den Ultraschallbereich hinein. Die obere Hörgrenze der Wanderratten liegt bei ungefähr 80 kHz. Da Ratten sich hauptsächlich in diesem, für uns Menschen nicht wahrnehmbaren, hochfrequenten Bereich untereinander verständigen, können sie nicht nur besonders hohe Töne sehr gut hören, sondern auch zahlreiche Ultraschallaute aussenden. So geben nestjunge Ratten u. a. Verlassenheitsrufe von sich, die bei rund 60 kHz liegen. Speziell diese Rufe verlieren sich dann im Verlauf der Entwicklung der Kleinen wieder. Erwachsene Tiere stoßen in aggressiven Verhaltenssituationen verschiedene Ultraschallrufe aus, mit denen sie dem Gegenüber ihren momentanen „Kampfesmut" kundtun. Hochfrequente (50 kHz), kurze Impulse signalisieren dabei eine aggressive Handlungsbereitschaft. Niederfrequente (22 kHz), lang dauernde Töne werden dagegen meist nur vom Unterlegenen ausgesandt und dienen zur Beschwichtigung des Siegers. Solche akustischen Signale können allein oder zusammen mit der Unterwürfigkeitshaltung (siehe hinten) gezeigt werden.

Auch während des Paarungsverhaltens werden Ultraschallaute unterschiedlicher Frequenzen abgegeben, die den Erregungszustand der Partner anzeigen. Die akustische Verständigung scheint bei Ratten also fast genauso bedeutend zu sein wie die geruchliche.
Das gute Gehör der Ratten hat übrigens auch ihre Freßfeinde zu Anpassungsmechanismen gezwungen, denn nicht umsonst sind Katzenpfoten samtweich und geben keine verräterischen Geräusche von sich oder bewegen sich die Schwingen von Eulenvögeln völlig lautlos.

Gleichgewichtssinn

Das Gleichgewichtsorgan im Innenohrbereich der Ratten ist ebenfalls hochdifferenziert. Führen wir uns nur einmal vor Augen, wie gut die Tiere an einem dünnen Seil entlanghangeln und wie sicher sie auf einem schwankenden Ast balancierend vorankommen können. Auch ihr langer, wenig behaarter Schwanz ist ihnen dabei eine große Hilfe.

Tastvermögen

Tasthaare sitzen nicht nur in großer Zahl um die Schnauze und über den Augen (Vibrissen), sondern als sog. Leithaare auch an den Körperseiten und den Außenseiten der Beine. Gerade die Tasthaare am Kopf sind groß und kräftig, und ihre Haarwurzeln sind von einem Geflecht hochempfindlicher Nervenfasern umsponnen. Anders als die Körperbehaarung, die erst um den vierten Lebenstag herum zu wachsen beginnt, sind diese bereits von Geburt an vorhanden. Die Tasthaare reagieren extrem empfindlich auf Berührung und ermöglichen den Ratten eine ausgezeichnete Orientierung im Nahbereich. Während die Tiere z. B. über einen schmalen Steg balancieren, halten sie ihre langen Vibrissen

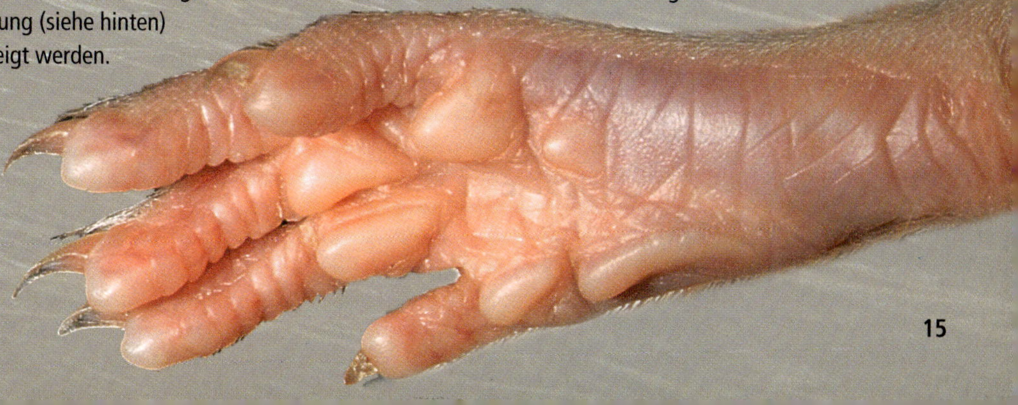

leicht nach unten, und lassen diese dabei am Rand des Steges entlang gleiten. Da die Tasthaare auch noch schwächste Luftbewegungen registrieren können, haben Ratten zudem die Möglichkeit, etwas weiter entfernte Hindernisse wahrzunehmen und so Entfernungen abzuschätzen. Auch an den Pfoten haben sie äußerst sensible Druckrezeptoren, die ihnen außer der Mitteilung über die Beschaffenheit des Untergrundes ein sehr geschicktes Greifen ermöglichen. Ihre ausgeprägten Hautwülste (Schwielen) wirken dabei unterstützend.

Vom Schmecken

Ihr gut ausgeprägter Geschmackssinn kann für Ratten lebenserhaltend sein. Zusammen mit ihrem äußerst sensiblen und differenzierten Geruchssinn können sie nämlich geringste geruchliche bzw. geschmackliche Veränderungen in einem Nahrungsbrocken wahrnehmen und so auch unseren massiven Nachstellungen mit vergifteten Ködern weitgehend ungeschoren entrinnen. Ihre Differenzierungsfähigkeit geht sogar so weit, daß diese faszinierenden Tiere in der Lage sind, diejenigen Nahrungskomponenten eindeutig wiederzuerkennen, die ihnen selbst oder einem ihrer Rudelmitglieder einmal nicht gut bekommen sind. Speziell diese Komponenten lehnen sie dann in Zukunft strikt ab.

Wichtigstes „Werkzeug" für die Geschmackswahrnehmung ist die Zungenoberfläche. Sie ist bei den Ratten sehr dicht mit kleinen, meist nur mechanisch wirkenden warzenförmigen Gebilden, den Papillen, übersät. Diese sind so zahlreich, daß sie der Zunge ein samtartiges Aussehen verleihen. Zwischen diesen Mechanopapillen befinden sich auffallend große Papillen. Sie sind es, welche die hochsensiblen Geschmacksrezeptoren, die sogenannten Geschmacksknospen, tragen.

Ratten können ebenso wie wir die Geschmacksqualitäten süß, sauer, salzig und bitter wahrnehmen. Allerdings haben sie dabei zum Teil andere Wertigkeiten bestimmter Geschmacksstoffe. So hat man in vergleichenden Untersuchungen nachgewiesen, daß für Mensch und Ratte Natrium-Saccharin ähnlich wie Saccharose schmeckt, Natrium-Cyclamat dagegen nur vom Menschen als süß empfunden, von der Ratte aber mit dem für den Menschen bitter schmeckenden Chinin verwechselt wird.

Die Zunge hat bei Ratten viele Funktionen. Sie ist nicht nur Trägerin der Geschmacksknospen, sondern auch ein wichtiges Tastorgan. Darüber hinaus ist die Rattenzunge am Kau- und Schluckakt und bei der Körperpflege beteiligt.

Selbst ohne herausragende Stärken ihres Gesichtssinnes erhal-

ten Ratten also anhand der präzisen Informationen ihres leistungsfähigen Geruchs-, Geschmacks- und Hörsinnes sowie der zahlreichen berührungsempfindlichen Sensoren ihres Tastsinnes ein äußerst detailliertes Bild ihrer Umwelt, und dies sogar bei völliger Dunkelheit. Ideale Anpassungsmechanismen an ihre ökologische Nische „Nacht".

Zähne

Die vier markanten meißelähnlichen und stark gebogenen

Schneidezähne des Rattengebisses stechen sogleich ins Auge. Diese, auf der Vorderseite mit einer dichten Auflage Zahnschmelz (Dentin) verstärkten, tief im Kiefer verankerten Nagewerkzeuge sind eine ganz besondere Anpassung an härteste Nahrungsresourcen. Durch die einseitigen Dentinauflagerungen und ihre besondere Anordnung im Ober- bzw. Unterkiefer schärfen sie sich sozusagen von selbst. Außerdem sind diese, auch Nagezähne genannten, Zähne im Gegensatz zu den insgesamt 12 Backenzähnen, welche zum Zermahlen der Nahrung eingesetzt werden, wurzellos und können somit dauernd nachwachsen. Es stehen den Tieren demnach ständig höchst leistungsstarke Raspelwerkzeuge zur Verfügung, die sie allerdings auch unbedingt benutzen müssen. Leben Ratten in Menschenobhut, haben wir dafür Sorge zu tragen, daß unsere Heimtiere genügend Hartfutter zu fressen bekommen, an dem sie ihre Nagezähne abschleifen können. Ansonsten werden die Zähne überlang und müssen im schlimmsten Fall unter Vollnarkose gekürzt werden.

Zuchtgemeinschaft und Sozialverband

Wanderratten leben nicht wie beispielsweise Hamster solitär, also als Einzelgänger, sondern sie bilden Großfamilien, in denen sie gemeinschaftlich an fast allen Aktivitäten der Gruppe teilhaben.
Das Leben in einem Sozialverband bietet gegenüber dem Einzelgängertum viele Vorteile. Der entscheidendste ist sicher der Schutz vor Freßfeinden und fremden Artgenossen. Außerdem sind mehrere Tiere eher in der Lage, neue Nahrungsgründe oder Schlupflöcher auszukundschaften, als dies ein einzelnes vermag. Und auch die Aufzucht der Jungen ist in der Großgruppe viel besser abgesichert. Man stelle sich nur vor, wie jämmerlich die von einem einzelnen Muttertier betreute Nachzucht zugrunde geht, wenn die Mutter einem Raubfeind zum Opfer fällt. Nicht zu vergessen ist schließlich die Möglichkeit des gegenseitigen Putzens an schlecht zugänglichen Stellen wie Nacken und Rücken und die Chance, sich wechselseitig zu wärmen.
Ein enges Zusammenleben vieler Gruppenmitglieder kann aber auch Konflikte auslösen und somit Nachteile mit sich bringen. Deshalb müssen die Tiere ihren Umgang miteinander an bestimmten Regeln ausrichten. Ganz spezifische Verhaltensweisen, Laute und Duftsignale dienen dem Zusammenhalt und dem Frieden innerhalb der Gruppe (siehe auch S. 100 ff.).

Ratten im Wandel der Zeit

Der früheste archäologische Nachweis von „Rattenartigen" stammt aus China und ist rund 700 000 Jahre alt.

Immer schon galten Ratten als Nahrungskonkurrenten des Menschen, erst später hat man sie auch als Krankheitsüberträger verfolgt.

Um 1800 wurden in Frankreich und England Wanderratten zu „sportlichen" Zwecken gefangen: Man ließ sie von Terriern totbeißen.

Mitte des 19. Jahrhunderts wurden in Mitteleuropa erste Züchtungsversuche mit Wanderratten durchgeführt.

Zu diesem Zeitpunkt wurden Ratten andernorts noch mit Genuß verzehrt.

Zahllose Mythen und Sagen vergangener Jahrhunderte ranken sich um die kleinen Nager. Eine davon ist die des Rattenfängers von Hameln.

Die im Zeichen der Ratte Geborenen gelten im chinesischen Horoskop als sensibel, klug und sehr vorsichtig. Kennen Sie eigentlich schon Ihr chinesisches Tierkreiszeichen? Schlagen Sie nach. Vielleicht gehören Sie ja auch zu den Ratten.

In Indien glauben Menschen auch heutzutage noch vielerorts an die Wiedergeburt als Ratte.

In Asien schreibt man getrockneten und zu Pulver zermahlenen Rattenpräparaten heute wie eh und je starke Heilkräfte zu.

Ihre Hochsaison als Schockertiere auf der Schulter von Punkern haben Ratten glücklicherweise hinter sich.

Vor kurzem erst haben Publikumslieblinge wie der Marionetten-Ratterich Monti Spinneratz und seine Freunde aus der Augsburger Puppenkiste die Kinoleinwand erobert.

Auch in Kinderbüchern erscheinen hilfsbereite Wichte und klevere Kobolde nun immer häufiger in „Rattengestalt".

Auf dem Weg zum Schmusetier

Die englische Stadt Bristol hat für die Heimtierwerdung von Ratten eine entscheidende Rolle gespielt. 1822 sollen dort erstmals albinotische Wanderratten eingefangen und als Liebhabertiere gehalten worden sein. Gezielt weitergezüchtet, fanden Nachfahren dieser Tiere in den folgenden Jahrzehnten ihren Weg in wissenschaftliche Laboratorien und schließlich auch in unsere Wohnzimmer.

Laborratten der ersten Jahre waren die allseits bekannten rotäugigen Albinos. Erst später entstanden durch gezielte Kreuzungszüchtungen die zahlreichen zu Forschungszwecken eingesetzten Inzuchtstämme, wie etwa die (albinotischen) Sprague-Darley- und Wistar- sowie die Long-Evans-Ratten mit ihrer sehr charakteristischen, zunächst nur in der Farbe schwarz auftretenden Fellzeichnung (Haubenratten).

Heimtierratten im Porträt

Aus diesen verschiedenen „Laborratten-Linien“ stammen auch die Ahnen unserer Heimtierratten. Bei deren Züchtung wird – anders als bei den reinen Laborratten – insbesondere auf große genetische Vielfalt geachtet, außerdem auf Gesundheit, Erkrankungsresistenz, Langlebigkeit, Friedfertigkeit, Zutraulichkeit und eine interessante Fellfärbung. Gerade die vielfältigen Farbausprägungen brachten diesen Zuchttieren den Namen „Farbratten“ ein. Da unsere zahmen pelzigen Lieblinge darüber hinaus auch wildfarben (Agouti) oder zum Beispiel rein weiß sein können, ist die Bezeichnung Heimtierratten sicherlich treffender.

Allen Unkenrufen zum Trotz: Ratten sind extrem reinliche Tiere.

Lexikon der Fellzeichnungen

- Einfarbige Ratten (= selfs).
- Nicht einfarbige Ratten (= marked varieties).
- Mit Haube (über Kopf, Schulter, Rückenlinie): Hooded. Im Anschluß an die Haube folgt der Sattel, der ununterbrochen, bis fast zum Schwanzende fortlaufen soll.
- Mit Kopfkäppchen: Capped. Färbung geht nicht über die Ohren oder das Kinn hinaus.
- Mit weißen Markierungen an Bauch, Schwanz und Füßen: Berkshire.
- Mit dreieckigem Brustfleck: Irish.
- Mit Schimmelung: Variegated.
- Mit weißer Blesse: Blazed. Keilförmige, symmetrische Blesse von der Schnauze zu den Ohren.
- Mit Markierungen: Siam, Himalaya.
- Weiße Blesse bis in Ohrenhöhe und dunkelfarbener Sattel: Husky.

Unterschiedliche Fellfarben

Bei Heimtierratten kann man zahlreiche Fellfärbungen unterscheiden: solche, die durch die Bänderung (ticking) jedes einzelnen Haares dem Farbausdruck der Wildfärbung ähneln,

- z.B. Cinnamon, Cinnamon Pearl, Lynx, Opal, und solche, bei denen die Haare von der Basis bis zur Spitze meist durchgehend einheitlich gefärbt sind,
- z. B. Black, Blue, Chocolate, Coffee, Mink, Pearl, White.

Die genannten Grundfarben sind jeweils mit ganz spezifischen Farben der Augen (z. B.

Heimtierratte mit dunkler Husky-Zeichnung und deutlicher Blesse auf der Stirn.

Schwarz, Dark Ruby) gekoppelt, außer bei der Fellfarbe Weiß. Hier können sowohl rein weiß gefärbte Tiere mit schwarzen Knopfaugen (Black Eyed White: BEW) auftreten als auch Albinos mit rötlich erscheinender Iris (Pink Eyed White: PEW). Deshalb unterscheidet man zudem spezielle „Rotäugige Farbschläge" mit Augenfarben in Pink, Ruby oder Dark Ruby, z.B. Buff, Champagne, Albino.

Die unterschiedlichen Fellfarben können einzeln (einfarbig) oder zusammen innerhalb verschiedenster Fellzeichnungen auftreten. So kann die „Haube" einer hellen Ratte mit Hooded-Zeichnung Black, Agouti oder beispielsweise Champagne gefärbt sein usw.

Ihre Nasenleistung ist beeindruckend. Hier: schwarze Rättin mit Bauchfleck.

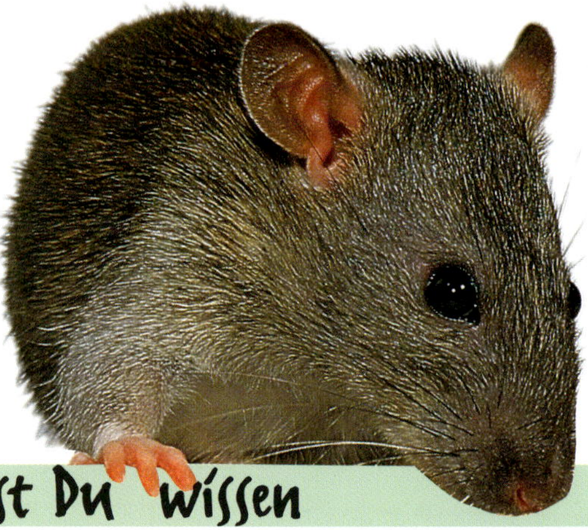

Das solltest Du wissen

Du bist mindestens zehn Jahre alt, ein großer Heimtierratten-Freak, und du möchtest – wie einige deiner Freundinnen und Freunde – auch solche „Pelznasen" zu Hause halten? Dann informiere unbedingt vorher deine Eltern und bitte sie um ihr Einverständnis. Du weißt ja, nicht alle Menschen sind von Ratten ebenso begeistert wie du. Und das Allerschlimmste für dich und deine Ratten wäre, wenn du deine Tiere wieder abgeben müßtest, nachdem du sie heimlich zu dir geholt hast.

Du bist ein ruhiger, gelassener und ausgeglichener Typ?
Ratten sind zwar sehr gesellige Tiere, ein hektisches und lautes Umfeld mögen sie aber trotzdem nicht.
Streß kann sogar starke Störungen ihres Gesundheitszustandes zur Folge haben.
Deine Ratten wollen auch nicht ständig herumgereicht werden. Aufdringliche Annäherungsversuche oder grobes Anfassen haben sie überhaupt nicht gern. Wird es ihnen dabei zu unwohl, zwicken sie schon einmal zu. Bitte also auch deine Gäste, sorgsam mit deinen Tieren umzugehen.

Du hast neben all deinen sonstigen Hobbys genügend Freizeit, um dich deinen Ratten zu widmen?
Die kleinen Knopfaugen wollen nämlich nicht nur im Käfig leben, sondern auch in deinem Zimmer herumlaufen. Damit sie dort keinen Unfug anstellen, mußt du sie gut beaufsichtigen. Tja und das kostet dich täglich mindestens eine Stunde Zeit.

Das sind freilich nicht die einzigen Voraussetzungen für die Rattenhaltung. Auf den folgenden Seiten erfährst du, was es sonst noch alles zu beachten gibt.

Zeichnungen und Farben: Was das Herz begehrt

Eine reiche Farben- und Musterungsvielfalt – trotzdem: Bei der Zuchtpartner-Wahl sollte stets bedacht werden, daß rot gefärbte Augen strahlungsempfindlicher und rotäugige Tiere somit wesentlich sensibler gegenüber grellem Licht sind als Tiere mit dunkel gefärbter Iris. Auch ein etwas schlechteres Sehvermögen (z. B. Sehschärfe, Bewegungsdetektion) wird vermutet. Vielleicht hilft den „Rotaugen", das bei ihnen bisweilen zu beobachtende leichte Pendeln des Kopfes diesem Mangel zu begegnen. Nichts entgegenzusetzen haben schwanzlose oder nackte Ratten unseren züchterischen Übertreibungen. Auf solche Qualzüchtungen sollte deshalb unbedingt verzichtet werden.

Rattenausstellungen

Um sich einen Überblick über die unterschiedlichen Farbschläge bei Heimtierratten zu verschaffen und um verschiedene Ratten, Rattenlinien und ihre Züchterinnen und Züchter kennenzulernen, lohnt sich der Besuch einer Rattenausstellung. Im In- und Ausland werden jährlich mehrere dieser medienträchtigen und publikumswirksamen Veranstaltungen angeboten. Erkundigen Sie sich doch einfach bei einem der Rattenliebhaber-Vereine nach aktuellen Terminen und Veranstaltungsorten (siehe Anhang).

Um den neugierigen und verspielten Heimtierratten ein angenehmes Leben in Menschenobhut zu ermöglichen, gilt es einige wichtige Regeln und Grundsätze zu beherzigen. Nur wer den spezifischen Bedürfnissen dieser intelligenten Nager gerecht wird, kann das Zusammenleben mit ihnen unbeschwert genießen und wird viel Freude an seinen lebensfrohen und verschmusten Hausgenossen haben.

Gut versorgt

Passen Heimtierratten zu mir?

Ratten sind sehr aufgeweckte Tiere, die sorgsame Pflege brauchen. Prüfen Sie Ihre Lebensumstände genau, bevor Sie sich die Nager anschaffen.

1

Sind Sie ein geschickter Heimwerker? Beim Herrichten eines sicheren und artgerechten Rattenheimes müssen Sie meist selbst ordentlich zupacken und gelegentlich auch kleinere Reparaturarbeiten vornehmen. Haben Sie auch genügend Platz, einen solchen geräumigen Käfig aufzustellen?

Sind sämtliche Familienmitglieder mit Heimtierratten als Mitbewohnern einverstanden? Wer ist in der Lage, die Urlaubspflege der Tiere zu übernehmen? Bedenken Sie bitte: Nicht jeder kann sich mit dem Gedanken anfreunden, Ratten zu betreuen.

2

Ratten sind hochsoziale Lebewesen, die nicht allein gehalten werden dürfen! Sind Sie bereit, mindestens zwei gleichgeschlechtliche rattige Artgenossen bei sich aufzunehmen?

3

Heimtierratten brauchen viel menschlichen Zuspruch, ausreichend Beschäftigungsmöglichkeiten in ihrem Käfig und täglich mindestens eine Stunde Freilauf in einem rattensicheren Zimmer. Dabei nagen, buddeln und markieren sie auch. Können Sie das akzeptieren?

Zahme Heimtierratten sind liebenswerte Gefährten für Schulkinder aller Altersstufen. Sie dürfen von ihnen aber niemals als Spielzeug mißbraucht werden. Eine eigenverantwortliche Pflege der Tiere können Sie von Ihren Kindern erst nach dem zehnten bis zwölften Lebensjahr erwarten.

Gelegentlich überschätzen auch Ratten ihre Fähigkeiten. Deshalb müssen sie beim „Turnen in luftiger Höhe" sorgfältig beaufsichtigt werden.

Gut geplant ist halb gewonnen

Damit das Zusammenleben mit Heimtierratten zu einem faszinierenden Erlebnis werden kann, dürfen Sie vor dem Kauf auch die folgenden Aspekte nicht außer acht lassen.

Was tun bei Allergien?

Die häufig vor dem Kauf eines Haustieres empfohlene Testung auf Überempfindlichkeitsreaktionen (Allergietest) gibt leider nur für diejenigen Allergene letzte Sicherheit, mit denen der menschliche Körper zuvor bereits des öfteren in Berührung gekommen ist. Ein Rattenhalter-Neuling, der bislang noch keinen Rattenkontakt hatte, kann also durchaus „Allergie-Freiheit" bescheinigt bekommen, nach einigen Monaten der Rattenpflege aber dennoch Überempfindlichkeitsreaktionen gegen Fell, Hautschuppen oder Ausscheidungen seiner Tiere entwickeln. Dann heißt es, die Nager nicht mehr auf der nackten Haut klettern zu lassen und nach Kontakt die Hände zu waschen. Beim Säubern des Käfigs hilft das Tragen eines Mundschutzes, die Symptome gering zu halten.

Ratten und Kinder

Viele Kinder wünschen sich nichts sehnlicher als ein eigenes Tier, das sie umsorgen und liebhaben dürfen. Solchen Wünschen nachzukommen, ist sicher kein Fehler. Denn für die Verhaltensentwicklung gerade von Stadtkindern, die sich der belebten Natur mehr und mehr entfremden, hat sich die Beschäftigung mit Heimtieren als besonders günstig erwiesen. Wird der Kauf von Ratten ins Auge gefaßt, sollten aber nicht nur Ihre Kinder von diesen Nagern schwärmen, sondern auch Sie selbst. Denn von (kleinen) Kindern ständige Verantwortungsbereitschaft für ihre lebenden Hausgenossen zu fordern, ist nicht möglich, selbst dann nicht, wenn die mit der Tierhaltung verbundenen Pflichten vorab gründlich durchgesprochen wurden. Sie werden Ihre Kinder also bei der Pflege ihrer Heimtiere unterstützen und sie beim Umgang mit ihnen ausgiebig beraten müssen. Denn Ratten werden nur dann zahm und zutraulich, wenn sie richtig „gehändelt“ werden.

Ratten und andere Heimtiere

Solange sich die Ratten in ihrem ausbruchssicheren Käfig aufhalten, treten bei der gleichzeitigen Haltung mit anderen Heim- oder Haustieren kaum Probleme auf. Hunde, aber auch junge Katzen können es lernen, die Nager in Ruhe zu lassen oder zu ignorieren. Gegen aufdringliche Annäherungsversuche wehren sich die Ratten gewöhnlich sogar, indem sie durch die Käfigstäbe zwicken und so den Störenfrieden „ihre Meinung kundtun“.

Gemeinsamer Freilauf mit Hunden oder Katzen ist dagegen nur unter sorgfältiger Aufsicht möglich. Nicht empfehlenswert ist es, Ratten zusammen mit anderen Kleinnagern wie Rennmäusen, Mäusen usw. oder mit Stubenvögeln

Zwei sportliche Burschen.

„Auslauf" zu gewähren. Denn nicht nur Hunde und Katzen, sondern auch Ratten haben einen natürlichen Jagdinstinkt! Unproblematisch sind in der Regel Meerschweinchen und Kaninchen.

Heimtierratten gelegentlich auf große Ablehnung stößt, ist deshalb nicht verwunderlich. Trotzdem: Eine ausdrückliche Genehmigung vom Vermieter ist dafür nicht erforderlich. Die Pflege übermäßig vieler

„Laß mal riechen, wer du bist." So unterschiedliche Tierarten brauchen ihr privates Rückzugsplätzchen.

Rechtliches

Vorurteile gegen wilde Ratten gibt es allerorten. Hauptgrund dafür ist selbst heutzutage noch die Unkenntnis über die wirklichen Fähigkeiten und Bedürfnisse dieser Tiere. Daß auch die Haltung zahmer

Tiere oder eine gewerbsmäßige Zucht ist jedoch nicht gestattet. In Eigentumswohnungen kann die Haltung von Heimtieren nur durch einstimmigen Beschluß der Eigentümerversammlung untersagt werden.

Was man Heimtierratten nachsagt:

Sie übertragen schwere Krankheiten auf den Menschen.
Stimmt nicht. Zahme Heimtierratten kommen gewöhnlich nicht mit der Außenwelt in Kontakt und können somit auch keine Krankheitskeime von dort aufnehmen und verbreiten. Viel wahrscheinlicher ist es dagegen, daß wir Menschen unsere Kuscheltiere mit Schnupfenviren o. ä. infizieren.

Ihr Schwanz ist nackt.
Stimmt nicht. Der Rattenschwanz ist dicht mit dachziegelartig übereinanderliegenden Schuppenringen besetzt und leicht behaart. Er dient der Ratte u. a. als Wärmeregulator.

Sie werden in Einzelhaltung schneller zahm und anhänglicher.
Stimmt nicht. Ratten sind ausgesprochen gesellige und hochsoziale Lebewesen. Ohne den ständigen Kontakt zu Artgenossen verkümmern sie. Selbst intensivste menschliche Zuwendung ersetzt ihnen nicht den tierischen Partner.

Sie haben einen Vorkoster, der für die anderen Gruppenmitglieder seine Gesundheit aufs Spiel setzt.
Stimmt nicht. Ratten sind lediglich sehr genaue Beobachter, denen es sofort auffällt, wenn ein Mitglied der Sippe nach dem Genuß eines bestimmten Futters Unwohlsein zeigt. In einem Rattenrudel gibt es immer Tiere, die besonders neugierig sind und schneller von einer neuen Futtersorte probieren als die anderen. Meistens sind dies jüngere, sehr temperamentvolle Ratten.

Urlaubsbetreuung

Ein weiterer wichtiger Faktor, den es rechtzeitig zu bedenken und abzuklären gilt, ist die Urlaubsbetreuung der Ratten. Denn es ist erfahrungsgemäß nicht immer ganz einfach, einen geeigneten Pfleger ausfindig zu machen, der die Tiere während der Abwesenheit des Halters in ihrem gewohnten Umfeld weiterbetreut oder der sie solange mit zu sich nach Hause nimmt. Für Rattenfreunde freilich ist es keine Frage, ihre Tiere bei solchen Gelegenheiten untereinander „auszutauschen". Gelegentlich vermitteln auch Tierärzte und Tierheime. Manchmal halten sie sogar Adressen von erfahrenen Haltern bereit, die Tiere kurzfristig in Pflege nehmen.

Die Ratten dürfen mit

Manchmal ist es ja auch möglich, die Ratten mit in die Ferien zu nehmen. Dann allerdings sollten Sie sich unbedingt rechtzeitig danach erkundigen, ob diese Tiere im Hotel/der Ferienwohnung etc. auch gern gesehen sind. So können Sie sich und Ihren Ratten unliebsame „Überraschungen" vor Ort ersparen. Auch für die An- und Abfahrt heißt es Vorkehrungen zu treffen. Können die Tiere im Pkw sicher untergebracht werden und vor Sonne/Hitze bzw. Kälte geschützt reisen? Eine kleine Transportbox ist für eine mehrtägige bzw. -wöchige Haltung natürlich völlig ungeeignet. Deshalb heißt es zudem einen geräumigen – aber dennoch transportablen –

Für den Pfleger wichtige Daten

- ○ Tägliche Fütterungs- und Freilaufzeiten
- ○ Art und Menge des Feucht- bzw. Trokkenfutters pro Tag und Tier
- ○ Flüssigkeitsbedarf der Tiere
- ○ Wann wird das Trinkwasser gewechselt?
- ○ Zeitplan für regelmäßige Pflegemaßnahmen
- ○ Informationen zu Eigenheiten der Einzeltiere wie Behandlung mit Medikamenten, Vorlieben und Ticks
- ○ Adresse und Telefonnummer des Tierarztes bzw. der Tierklinik
- ○ Urlaubsadresse und Handynummer

Notfallset für Ihre Ratten

- ○ Desinfektionsmittel für die Hände, um Infektionen zu vermeiden
- ○ Sterile Mullkompressen zum Abdecken offener Wunden
- ○ Elastische Mullbinde zum Fixieren des Verbandes

„Urlaubskäfig“ zu besorgen. Auch ausreichend Trocken- und evtl. geeignetes Feuchtfutter sollten Sie an Ihr Urlaubsziel mitnehmen. Dann können Sie Ihren kleinen Schnuppernasen unnötigen Streß ersparen.

Ratten in Pflege

Wer Gastratten versorgt oder bei sich aufnimmt, sollte seine Hände stets gründlich waschen, bevor er die Tiere anfaßt. Dies gilt vor allem dann, wenn er selbst Ratten als Heimtiere besitzt. Die Übertragung von Krankheiten kann so vermieden werden, außerdem Streß durch den Geruch fremder Artgenossen.

Wenn Sie fremde Ratten bei sich aufnehmen, sollten die Käfige der Tiere möglichst nicht im selben Zimmer aufgestellt und den Ratten selbstverständlich auch kein gemeinsamer Auslauf gewährt werden. Denn Bißverletzungen

Diese junge Ratte präsentiert sich in typischer „Witter-Stellung“.

- Sterile Kochsalzlösung zum Säubern von Wunden
- Heftpflaster und Verbandsschere
- Anatomische Pinzette zum Entfernen von Splittern u. ä.
- Kunststoffspritzen (ohne Kanüle) zum Eingeben von Flüssigkeiten
- Medizinalkohle gegen Durchfall und bei Vergiftungen
- Flüssige Baby-Heilnahrung zum Aufpäppeln

Ein Wochenende allein

Vor dem Start ins Wochenende wird/werden:

- ○ der Käfig gründlich gereinigt und die Toilettenecke mit extra viel saugfähiger Einstreu bestückt;
- ○ gewohntes Grundfutter in „mehrfacher Dosis" auf verschiedene Näpfe verteilt;
- ○ nur so viel Naßfuttervorrat gegeben, daß ihn die Tiere innerhalb eines Tages verzehren können, oder weniger rasch verderbliches Frischfutter wie z. B. Karotten gereicht;
- ○ genügend Wasser in mehreren Trinkflaschen angeboten und ggf. eine zusätzliche Flasche montiert;
- ○ mehrere Nagestangen, Nagerringe usw. aufgehängt;
- ○ Hundekuchen, Kräcker o. ä. in engen Raufen ausgelegt (dort können sie von den emsigen Nagern nicht so leicht herausgezerrt und verunreinigt werden);
- ○ Käfigtüren gut verschlossen und ggf. abgesichert.

wären mit Sicherheit die Folge. Doch auch in einem fremden und unbekannten Freilaufareal – in dem die eigenen Tiere gelernt haben, gut und sicher zurechtzukommen – können Gast-Ratten Probleme haben und sich womöglich Knochenbrüche o. ä. zuziehen. Deshalb müssen fremde Tiere besonders sorgfältig beaufsichtigt werden.

Wenn möglich, sollte der tägliche Freilauf beider Ratten-Gruppen in unterschiedlichen Räumen erfolgen. Das erspart den territorialen Tieren viel Aufregung: Kein „Übermarkieren", um angestammte Besitzansprüche geltend zu machen usw. Außerdem verhindert es mögliche Infektionen.

Rattenpfleger-Neulinge sollten das potenzielle Freilaufzimmer ihrer „nagenden Gäste" zunächst auf mögliche Gefahrenquellen wie zum Beispiel giftige Zimmerpflanzen untersuchen. Einige von diesen, wie etwa Alpenveilchen, Amaryllis, Azalee, Christusdorn, Clivie, Croton, Dieffenbachia, Efeu, Flamingoblume, Hortensie, Hyazinthe, Lebensbaum, Primel, Weihnachtsstern und Wolfsmilchgewächse (Euphorbia-Arten), enthalten Pflanzensäfte, die bei Ratten zu lebensgefährlichen Vergiftungserscheinungen führen können.

Das lieben Deine Ratten

Ratten brauchen regelmäßig menschlichen Zuspruch, sonst werden sie nicht zahm und zutraulich.

Ratten nagen an Futter und der Käfigeinrichtung ebenso wie an Stromkabeln oder z. B. giftigen Zimmerpflanzen.

Ratten scharren und buddeln, und sie verschonen dabei auch die Blumenerde deiner Zimmerpflanzen nicht.

Ratten markieren mit winzigen Urintröpfchen den Käfig, das Freilaufgelände, ihre Artgenossen und dich.

Ratten horten Futter, deshalb mußt du ihre Vorratsspeicher täglich kontrollieren und verunreinigtes Körnerfutter sowie übriggebliebenes Grünfutter entfernen.

Ratten sind sehr neugierig und geschickt, sie können ungenügend gesicherte Käfigtürchen öffnen, sich durch die kleinsten Ritzen quetschen und dann „stiften gehen"; auch an Gardinen können sie mühelos hinaufklettern und durchs gekippte Fenster entwischen.

Ratten haben einen natürlichen Jagdinstinkt, einen schwachen Kanarienvogel oder eine kranke Rennmaus zu erwischen, ist für sie keine große Sache. Deine Ratten dafür zu strafen, wäre sehr unfair, denn du mußt für die Sicherheit deiner (anderen) Heimtiere sorgen.

Ratten sind sehr intelligente Tiere, die dich täglich fordern werden! Wenn du die Ratschläge in diesem Buch befolgst, wirst du bestimmt deine helle Freude an ihnen haben.

Wendig und kletter-begeistert: Heimtierratten lieben interessante Entdeckungstouren.

Beim Kauf beachten

- Die Ratten sind nach Geschlechtern getrennt untergebracht.
- Der Käfig ist sauber, geräumig und reichhaltig ausgestattet.
- Sie erhalten genügend Wasser, Körner- und Frischfutter sowie reichlich Nagematerial.
- Mehrere geeignete Versteck- und Rückzugsmöglichkeiten stehen bereit.
- Alle Tiere zeigen sich an Menschen interessiert und wirken weder ängstlich noch schreckhaft.
- Alle Tiere in der Unterkunft sind gesund, putzmunter und gepflegt.
- Zoohändler oder Züchter nehmen sich ausreichend Zeit, Sie zu beraten und die Bedürfnisse der Tiere herauszustellen.

Übers Wochenende allein

Über ein verlängertes Wochenende, also über maximal vier Tage, und mit ausreichend Trinkwasser sowie genügend Futterreserven versorgt, können Ratten problemlos allein gelassen werden (Gruppenhaltung vorausgesetzt!). Nach der Rückkehr sollten Sie sich dann allerdings besonders ausgiebig mit Ihren Zöglingen beschäftigen, denn nicht genügend umsorgt oder vernachlässigt, verlieren die kleinen Nager rasch ihre Zutraulichkeit und ziehen sich dann sogar vor Ihnen zurück.

Die „Knopfaugen" ziehen ein

Wilde Wanderratten geben sich mit kärglichsten Lebensumständen zufrieden und verbringen ihr kurzes Dasein manchmal mehr schlecht als recht. Mit unseren Heimtierratten dürfen wir es freilich nicht in dieser Weise halten. Ihnen das Leben bei uns so angenehm wie nur möglich zu gestalten, ist unsere Pflicht.

Wo kauft man Ratten?

Die Fürsorge sollte deshalb bereits beim Kauf beginnen.

Denn Sie können sich und Ihren Tieren viel Leid ersparen, wenn Sie die kleinen Nager nur bei einem guten Züchter oder in einem vorbildlich geführten Zoofachgeschäft aussuchen. Anhand von Anzeigen in der Tagespresse, in Tiermagazinen sowie im Internet und durch Nachfragen bei anderen Nagerhaltern oder bei Tierärzten lassen sich ebenfalls „Vermittlungs-Ratten" bzw. Züchteradressen ausfindig machen. Auch im örtlichen Tierheim

Ratten brauchen Artgenossen: Nur so fühlen sie sich richtig wohl bei uns.

Wichtige Daten zur Fortpflanzung und Entwicklung

Fortpflanzungsfähiges Alter ab	ca. 6 Wochen
Zuchteinsatz	ab 6. Monat
Zuchtende mit	ca. 12 Monaten
Brunstzyklus	4–5 Tage
Tragzeit	21–24 Tage
Zahl der Jungen pro Wurf	7–12
Geburtsgewicht	4,5–6 Gramm
Öffnen der Augen mit	13–17 Tagen
Öffnen der äußeren Ohren mit	12–14 Tagen
Durchbrechen der Nagezähne mit	8–10 Tagen
Aufnahme fester Nahrung mit	ca. 20 Tagen
Säugedauer	ca. 28 Tage
Trennung der Geschlechter nach	5–6 Wochen
Gewicht in Gramm nach Tagen (d)	35 d: 60– 80 42 d: 85–110 49 d: 110–130
Lebenserwartung	ca. 2,5 Jahre

oder bei einem der Rattenliebhabervereine können Sie nachfragen. Adressen finden Sie im Anhang dieses Ratgebers.

Gleichgeschlechtliche Ratten

Erwerben Sie nur gleichgeschlechtliche Tiere! Von einer gemischtgeschlechtlichen Haltung sollten Sie unbedingt Abstand nehmen!

Bedenken Sie, daß Rättinnen alle vier bis fünf Tage brünstig werden, eine Tragzeit von nur rund drei Wochen und noch dazu einen sogenannten Postpartum-Östrus haben. Bei jeder Geburt ungefähr zehn Babys zu bekommen, ist für Rattenmütter an der Tagesordnung. Das heißt, bereits ein einzelnes Weibchen ist in der Lage, pro Jahr weit mehr als 100 Welpen hervorzubringen. Rechnen Sie diese Vermehrungsrate – bei einem Geschlechterverhältnis Weibchen zu Männchen von ca. 1:1 – doch einmal selbst auf sämtliche Rattentöchter aller möglichen Generationen eines Jahres hoch. Sie werden auf eine stattliche Anzahl Rattennachwuchs kommen. Kein Wunder, denn die extrem hohe Vermehrungsrate ist ja eine der Überlebensstrategien der wildlebenden Verwandten unserer Heimtierratten.

Geschickt hält diese agouti-farbene Heimtierratte das Käsebröckchen mit den Vorderpfötchen fest.

Was ist ein Postpartum-Östrus?

Nicht nur Ratten, auch zahlreiche andere Kleinnager, denen viele Freßfeinde nachstellen, haben neben ihrer ohnehin schon hohen Fortpflanzungsrate einen weiteren Mechanismus entwickelt, der die Nachkommenzahl nach oben schnellen läßt und so das Fortbestehen ihrer Art sichern hilft: die Möglichkeit, sich unmittelbar nach dem Werfen erneut erfolgreich zu paaren. Also kein unnötiges Warten, bis die Jungen entwöhnt sind und die nächste reguläre Brunstphase folgt.

Da die Weibchen gleichzeitig noch einen Wurf junger Rättchen säugen müssen, dauert eine solche „Postpartum-Trächtigkeit“ allerdings etwas länger als gewöhnlich.

Wie unterscheidet man Männchen und Weibchen?

Die Hoden der jungen Männchen befinden sich zum Zeitpunkt der Geburt noch in der Bauchhöhle und sinken erst im Verlauf ihrer zweiten Lebenswoche in die Hodensäcke ab.

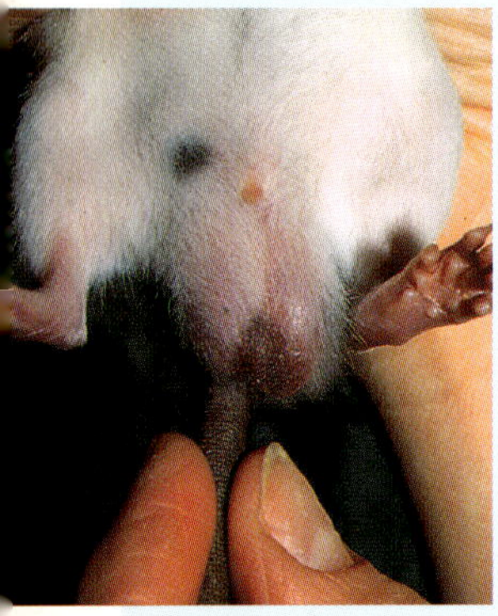

Männchen

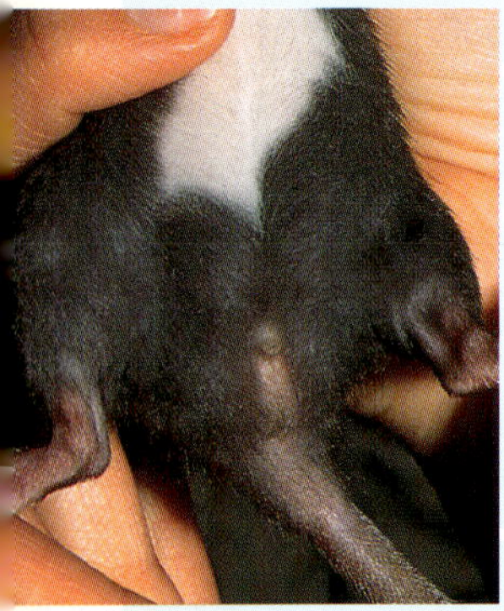

Weibchen

Im Übernahmealter von rund sechs Wochen sind die kleinen Ratten-Böcke leicht an ihren jetzt schon sehr deutlich ausgeprägten Hodensäcken zu erkennen.
Bis zum Alter von rund drei Wochen lassen sich männliche von weiblichen Ratten besser anhand des Abstandes zwischen Genitalpapille und Darmausgang unterscheiden:

Genitalpapille beim Männchen = Penis

Genitalpapille beim Weibchen = Harnröhrenöffnung + Vagina. Dieser Abstand ist bei Böcken wesentlich größer als bei Rättinnen.

Bei nestjungen Ratten-Weibchen bis zu einem Alter von rund 20 Tagen sind die kleinen Zitzen sehr deutlich zu erkennen. Die Tiere besitzen drei Zitzenpaare am Brustkorb und drei am Unterbauch.

Geschlechter getrennt halten

Für gute Züchter und Zoofachgeschäfte ist es eine Selbstverständlichkeit, Ratten stets nur nach Geschlechtern getrennt zu halten (Ausnahme: kastrierte Tiere). So wird u. a. auch vermieden, daß bereits Jungtiere gedeckt und trächtige Weibchen zum Verkauf angeboten werden. Andernfalls kann es leicht vorkommen, daß der ahnungslose Nagerkäufer schlimmstenfalls gleich mehrere Muttertiere samt ungeborenem Nachwuchs erwirbt und sich damit nicht nur Heimtiere einkauft, sondern gleichzeitig erhebliche Probleme einhandelt. Eine Rättin kann das bevorstehende Ereignis nämlich ganz gut verbergen: Erst im letzten Drittel der Schwangerschaft ist es ihr deutlich anzusehen. Die Folge wären zahlreiche „Notfall-Ratten“, für die vom Halter rasch ein geeignetes Zuhause gefunden werden muß.

Ideales Übernahmealter

Am günstigsten ist es also, Sie suchen sich – aus einer nach Geschlechtern getrennten Haltung – mindestens zwei gleichgeschlechtliche Rattenkinder aus, die rund sechs Wochen alt sind.

Jünger sollten die Babys auf keinen Fall sein, da eine zu frühzeitige

Trennung von der Mutter erhebliche Einflüsse auf ihre Gesundheit und allgemeine Vitalität haben kann. Außerdem brauchen die Kleinen diese wenigen Wochen, um in der Großgruppe angepaßtes Sozialverhalten zu erlernen und sich von den Alttieren der Käfiggemeinschaft noch einige „Überlebensstrategien" abzuschauen.

Wurfgeschwister

Ratten aus einer Wurfgemeinschaft verstehen sich sehr gut, und sie kommen erfahrungsgemäß auch nach Eintritt ihrer Geschlechtsreife am besten miteinander aus. Wählt man einander unbekannte Jungtiere (aus unterschiedlichen Käfigen oder von verschiedenen Züchtern), dann kommen auch sie meist problemlos miteinander zurecht, vorausgesetzt, ihre Vergesellschaftung erfolgt noch, bevor sie geschlechtsreif sind.

Vergesellschaftung möglich?

Soll einem bereits erwachsenen Tier ein Artgenosse zugesellt werden, klappt dies gewöhnlich mit einem Jungtier am besten (siehe dazu S. 106). Weibliche Heimtierratten sind dabei untereinander am verträglichsten. Bei Böcken kann eine Vergesellschaftung nach Erreichen der Geschlechtsreife eines oder beider Tiere etwas schwieriger werden, vor allem dann, wenn es sich dabei um sehr dominant veranlagte

Zwei, die sich mögen.

Männchen handelt. Aus kleinen Rangeleien – die übrigens auch in reinen Weibchengruppen hin und wieder vorkommen –, können gerade bei solchen Böcken auch einmal heftige „Ringkämpfe" oder sogar blutige Auseinandersetzungen entstehen. Bringen geduldige Versuche der Aneinandergewöhnung keinerlei Erfolge, kann auch die Kastration eines oder beider Tiere helfen, die Situation zu entschärfen. Eine Gewähr für traute Eintracht bietet dieser – selbst bei Rattenböcken nicht ganz ungefährliche – operative Eingriff allerdings nicht.

Männchen- oder Weibchengruppe?

Häufig sind speziell junge Ratten-Weibchen nagebegeisterter und unternehmungslustiger als Männchen gleichen Alters. Aufgrund ihres geringeren Gewichtes sind auch die erwachsenen Weibchen meistens wesentlich flinker und geschickter als die Böcke, und sie klettern und hangeln viel gewandter als diese. In ihrer Kontaktfreude und Anhänglichkeit dem Menschen gegenüber gibt es dagegen keine geschlechtsspezifischen Unterschiede. Starke individuelle Verhaltensunter-

Immer aufmerksam und interessiert: So sind Heimtierratten.

schiede sind hierbei jedoch nicht ungewöhnlich, denn Ratten sind Individualisten.

Auswahl gesunder Ratten

Sie sollten selbstverständlich nur gesunde Ratten auswählen und unbedingt von einem Kauf absehen, wenn im selben Käfig neben vermeintlich gesunden augenscheinlich kranke Tiere sitzen. Außerdem sollten Sie Ihre neuen Hausgenossen während deren Hauptaktivitätsphasen, also in den frühen Morgenstunden oder besser noch am späten Abend, aussuchen. Dann nämlich sind die Tiere munter und zeigen ihr Neugierverhalten und Temperament deutlich. Tiere, die besonders träge oder apathisch wirken, während ihre Käfiggenossen flink herumklettern oder buddeln, sollten Sie auf keinen Fall kaufen.

Lassen Sie sich beim Kauf auch nicht drängen, sondern nehmen Sie sich genügend Zeit, um Ihre kleinen Heimtiere in aller Ruhe auszusuchen. Sollten Sie irgendwelche Bedenken z. B. hinsichtlich des Gesundheitszustandes der Tiere haben, gehen Sie diesmal lieber unverrichteter Dinge nach Hause und starten in ein paar Tagen einen neuerlichen Anlauf. Denn Sie wissen ja: Gesunde, sorgsam gepflegte und artgerecht gehaltene Rattenkinder haben die beste Aussicht darauf, bei Ihnen zu „properen und quietschfidelen" Heimtieren heranzuwachsen.

Dieses junge Männchen beschnuppert ausgiebig das neue Freilaufgelände und drückt ihm seinen Stempel auf.

Vorbereitungen zu Hause

Bevor Sie sich Ihre kleinen „Rüsselnasen“ ins Haus holen können, müssen Sie Folgendes vorbereiten: einen geeigneten Rattenkäfig kaufen oder selbst zimmern und die gesamte Inneneinrichtung für das Nagerheim sowie Einstreu, ausreichend Futter und einen kleinen Transportkäfig besorgen.

Selbst wenn beim Bau bzw. Kauf und bei der Ausstattung eines geräumigen und zweckmäßigen Rattenkäfigs erhebliche Kosten auf Sie zukommen können – Ausgaben also, die den Erwerb und den jährlichen Unterhalt der Tiere bei weitem übersteigen –, so machen sich

Genüßliches Schmausen.

doch gerade diese Investitionen auf Dauer sehr gut bezahlt. Es lohnt sich demnach, hierbei ebenso gewissenhaft vorzugehen wie bei der Auswahl und beim Kauf der Rättchen selbst. Übrigens halten ja auch Natur und Haushalt in Form von Gräsern, Kräutern, Wildfrüchten, Zapfen, Ästen, kleinen Stämmchen, Steinen oder Küchenpapierrollen, Schuhkartonagen, ausgedienten Blumentöpfen usw. ein reichhaltiges Angebot für Ihre Heimtierratten zum Nulltarif bereit. Wenn Sie diese Ressourcen nutzen, belaufen sich die monatlichen Haltungskosten für zwei Tiere auf ungefähr 30,-- DM (~ 15,-- Euro). Für einen geeigneten Rattenkäfig sollten Sie rund 250,-- DM (~ 125,-- Euro) und für die Innenausstattung-Erlebniswelt ca. 100,-- DM (~ 50,-- Euro) veranschlagen.

Gesunde Tiere erkennen

Gesunde Heimtierratten ...

- sind lebhaft, neugierig und kontaktfreudig,
- haben große klare Knopfaugen ohne Verkrustungen an den Augenrändern,
- haben ein glattes, glänzendes Fell ohne kahle Stellen,
- haben weder Schorf noch blutende Wunden,
- haben keine Entzündungen an den Pfoten,
- haben keinen Ausfluß aus der Nase oder den Augen,
- haben kein kotverschmiertes Fell um den After,
- haben keine unnatürlich langen Zähne oder Krallen,
- haben einen unversehrten Schwanz,
- zeigen kein auffällig häufiges Kratzen (möglicher Parasitenbefall!).

Grundausstattung

- Geräumiger Käfig (für zwei bis vier Ratten ca. 80 x 50 x 150 cm)
- Mehrere Schlafhäuschen aus unbehandeltem Holz, stabile Pappkartons, Blumentöpfe usw.
- Kuschelplätze wie etwa Strohkörbchen oder sog. „Exotennestchen" aus dem Zoohandel
- Einstreu (z. B. Sägespäne, Hobelspäne, pelletierte Strohstreu, Walnußschalenschrot, Rindeneinstreu)
- Schredder, Zeitungspapier, evtl. etwas Stroh oder Heu als Nistmaterial
- Äste und Zweige von ungespritzten, ungiftigen Laubbäumen zum Beknabbern
- Spiel- und Kletterutensilien wie Holzleitern, flexible Hängeleitern, dicke Juteseile, Äste, Holzdielen etc.
- Flache Keramikschale oder „Ecktoilette" für Nager aus Kunststoff mit Vogelsand, Katzenstreu, pelletierter Strohstreu als Toilettenplatz
- Zwei kippsichere, leicht zu reinigende Futternäpfe, z. B. aus Keramik
- Wasserflasche

Gestapelt: Ratten im Doppelpack.

Was Ratten brauchen

Der ideale Käfigstandort

An einem idealen Standplatz für den Rattenkäfig herrscht:

- Luftfeuchtigkeit von 50–60%,
- Raumtemperatur von 18–23°C (keine extremen Temperaturschwankungen),
- keine trockene Heizungsluft,
- kein Tabakqualm,
- keine direkte Sonneneinstrahlung,
- keine Zugluft,
- Ruhe und Behaglichkeit.

Geräumige Meerschweinchen- oder Chinchillakäfige eignen sich nur für die Haltung bereits ausgewachsener Ratten. Für Jungtiere sind sie nicht geeignet. Denn die großen Gitterabstände von weit über 1,5 cm stellen für die wendigen Kleinen überhaupt kein Hindernis dar, so daß sie mühelos zwischen diesen hindurchschlüpfen und entwischen können. Kleinere Nagerkäfige mit engeren Abständen der Gitterstäbe dagegen bieten für die großen und kletterfreudigen Ratten nicht genügend Bewegungsfreiraum.

Da die Nachfrage nach zweckmäßigen Rattenkäfigen im Zuge steigender Haltung derzeit stark zunimmt, werden sicher bald auch für die Rattenhaltung unterschiedlichste und vor allem geeignete Käfigtypen zur Verfügung stehen. Bis dahin allerdings ist „do it yourself" angesagt.

Der Rattenkäfig

Die ideale Unterkunft für Heimtierratten bietet den Tieren Sicherheit, Geborgenheit, zahlreiche Rückzugsmöglichkeiten, außerdem genügend Bewegungsfreiheit und ihrem Betätigungstrieb entsprechende Kletter- und Buddelmöglichkei-

ten. Für zwei bis vier Ratten, die täglich mindestens eine Stunde freien Auslauf in einem nagerfreundlichen Zimmer bekommen, sollte der Käfig mindestens 80 cm breit, 50 cm tief und 150 cm hoch und mit mehreren Etagen ausgestattet sein. Unterteilungsebenen über die gesamte Käfigfläche werden mit 7–8 cm großen Durchschlupflöchern versehen. Günstig ist eine stabile Holzrahmenkonstruktion aus unbehandeltem oder gewachstem Vollholz, eine Maschendrahtverkleidung (1x1cm) und mindestens zwei unabhängig voneinander zu öffnende Türen auf der Vorderfront. Gute Belüftung des Käfigs ohne Zugluft ist wichtig. Mindestens eine Etage, idealerweise die unterste, sollte mit Einstreu ausgelegt und mit einer leicht zu wechselnden und zu reinigenden Toilettenschale bestückt werden.

Ausstattung

Ein Laufrad brauchen Ratten nicht. Es ist sogar gefährlich für sie, insbesondere für ihren langen Schwanz. Besser geeignet sind zahlreiche stabile Kletteräste, Hängeleitern, dicke Seile usw. Obwohl Ratten sich nachweislich sehr gern zusammenkuscheln, sollte doch für jedes Tier mindestens ein dunkler und kuscheliger Rückzugswinkel zur Verfügung stehen. Abgesehen davon, errichten auch wildlebende Wanderratten innerhalb ihres Baues verschiedene Kammern, z. B. für die Körperpflege, Jungenaufzucht oder Vorratshaltung. Geräumige Holzschlafhäuschen aus dem Fachhandel eignen sich gut. Ideal sind Flachdachmodelle, damit die Tiere sich darauf ausstrecken und diese

Jungtiere werden am schnellsten zahm.

Ein kuscheliges Schlafplätzchen.

gleichzeitig als Aussichtsplattform nutzen können. Aber auch stabile Pappkartons und dickwandige Röhren (ø ca. 10 cm) sind günstig. Die meisten Ratten lieben zusätzlich Hängematten aus alten Textilien und in luftiger Höhe aufgehängte Bastkörbchen zum Ruhen.

Ihrer Phantasie sind keine Grenzen gesetzt. Hauptsache ist, es gefällt Ihren Ratzen und birgt keine Gefahren. Achten Sie deshalb unbedingt auf gute Qualität der verwendeten Materialien, und vermeiden Sie beim Bau sowie der Inneneinrichtung Gefahrenquellen wie schar-

Inneneinrichtung absturzsicher montieren!

Äste zum Klettern und Benagen.

fe Kanten, überstehende Gitterdrähte, gesundheitsschädliche Lacke, leicht splitternde Kunststoffteile u. ä.

Außerdem müssen alle Einrichtungsgegenstände kippsicher und stabil angebracht werden, damit die Nager weder abstürzen noch sich einklemmen können.

Können auch „die Kleinen" Futternapf und Tränke erreichen?

Futternäpfe und Nippeltränke

Zwei standfeste, leicht zu reinigende Futternäpfe aus Keramik sollten Sie ebenfalls besorgen. Stellen Sie diese möglichst auf Etagen ohne Streueinlage auf, damit die Ratten das Futter nicht durch Scharren verunreinigen. Futterraufen, aus denen z. B. Hundekuchen nicht herausge-

Solide Verarbeitung der Bauteile ist wichtig.

zerrt, sondern nur beknabbert werden können, sind für die Versorgung gerade während eines „verlängerten Wochenendes" empfehlenswert.

Wie gesagt, Ratten buddeln gern in der Einstreu. Deshalb ist eine Nippeltränke als Wasserspender wesentlich zweckmäßiger als ein Wassernapf auf dem Boden. Es sind verschiedene Flaschentypen im Handel wie Nippel- und Kugelventil-Flaschen oder Glassaugrohrtränken. Die sogenannten Nippeltränken sind besonders praktisch und „lecken" auch nicht. Glastränken sind nicht sehr zweckmäßig. Sie können sogar gefährlich werden, wenn die Ratten kräftig daran nagen.

Eine geräumige und gut belüftete Transportbox leistet immer gute Dienste, z. B. beim Käfiggroßputz oder einem Tierarztbesuch.

Auf dem Heimweg

Ist für die Ankunft der neuen Hausgenossen zu Hause alles vorbereitet, geht es mit einem mit Einstreu ausgelegten und einem kleinen Unterschlupf versehenen Transportkäfig zum Züchter bzw. Zoofachgeschäft.

Eine Versorgung mit Futter und Wasser wird meist nur auf einem längeren Heimweg nötig. Denn die jungen Rättchen werden ohnehin vorerst nicht am Fressen interessiert sein, sondern dicht zusammengedrängt in ihrem Versteck kauern und sich vermutlich erst gegen Ende der Heimfahrt zögernd hervortrauen. Die zahllosen unbekannten Umwelteindrücke werden selbst die Neugierigsten unter ihnen zunächst etwas verunsichern.

Zu Hause angekommen

Während der Heimfahrt sollten die Ratten unbedingt im Transportkäfig bleiben und nicht herausgenommen werden. Erst daheim wird der Unterschlupf bzw. der geöffnete Transportkäfig mitsamt seinen kleinen Insassen ins Rattenheim gestellt. Dann heißt es, die neuen Hausgenossen nicht zu bedrängen, sondern geduldig abzuwarten, bis sie sich allein hervortrauen und von selbst Kontakt zu ihren zweibeinigen Betreuern aufnehmen.

Freundschaft schließen

In den ersten Tagen im neuen Zuhause ist es nicht ungewöhnlich, wenn die jungen Ratten zwar neugierig sichernd aus ihrem Schlafhäuschen hervorlugen, dann aber sehr vorsichtig – vielleicht auch flach auf den Boden gepreßt –, an den Käfigwänden Deckung suchend, ihr neues Heim erkunden.

Lassen Sie Ihren Tieren unbedingt genügend Zeit, sich mit ihrem engsten Umfeld vertraut zu machen und ihren Käfig als – wie die Verhaltensbiologen sagen – „Heim er-

Warten Sie ab, bis der kleine Ratz sich von allein hervortraut.

ster Ordnung" anzuerkennen. Erst wenn die jungen Ratten mit den Geräuschen und optischen Eindrücken ihrer Umgebung vertrauter geworden sind und nicht mehr bei der geringsten Störung blitzartig in einen Rückzugswinkel huschen, dürfen Sie mit dem Streicheln der kleinen Fellknäuel beginnen.

Wann ist Freilauf im Zimmer erlaubt?

Sind Ihre Kleinen handzahm und lassen sich voller Zutrauen von Ihnen kraulen und streicheln, können Sie sie auch auf Ihren Armen und Schultern turnen lassen. Jeden Tag eine kleine Steigerung, das macht Ihren Nagern besonders großen Spaß. Ihnen freien Auslauf im Zimmer zu gewähren, dazu ist es jetzt allerdings noch zu früh. Freier Auslauf ist erst dann ratsam, wenn die Tiere bereits mehrere Wochen bei Ihnen leben und sich sehr gut eingewöhnt haben.

Ein Tier ist entwischt

Entwischt einer Ihrer rattigen Zwerge, solange er noch nicht handzahm ist, dann heißt es, ihn ohne Hektik in eine dickwandige, mit Leckerbissen bestückte Röhre zu locken und danach sanft in den Käfig zurückzubefördern.

Packen Sie Ihren Pelzzwerg dagegen am Schwanz, um ihn einzufangen, schadet das der Vertrauensbildung ganz erheblich. Darüber hinaus können Sie Ihren kleinen Nager dabei sogar schwer verletzen.

So werden Ratten handzahm

Der Einsatz von Streicheleinheiten (evtl. zusammen mit Futterbelohnung) ist die beste Eingewöhnungshilfe, und mit etwas Geduld werden alle Ratten rasch handzahm.

Der 5-Punkte-Plan der Eingewöhnung:

1. In den ersten zwei bis drei Tagen machen Sie Ihre Ratten mit Lockgeräuschen wie Pfeifen oder Zungenschnalzen auf sich aufmerksam, bevor Sie die Käfigtür öffnen, um Futter nachzufüllen o. ä.
2. Gegen Ende der ersten Woche beginnen Sie damit, die Tiere im Käfig vorsichtig zu streicheln und zu kraulen.
3. Lassen sich die Ratten diese Behandlung gefallen, können Sie Ihre Hand (mit dem Handrücken nach unten) für eine Weile im Käfig belassen. Die Kleinen werden interessiert daran schnuppern, ja, vielleicht schon versuchen, darauf zu klettern. Diesen Vertrauensbeweis Ihrer Schützlinge dürfen Sie keinesfalls zerstören, z. B. durch ruckartige Bewegungen oder indem Sie sie aus dem Käfig herausnehmen.
4. Einige Tage solcher Vorübungen und den Tieren ist Ihre Hand im Käfig zur Selbstverständlichkeit geworden. Jetzt können Sie die Nager „einsammeln" und in Ihren zu Grübchen geformten Händen behutsam aus dem Käfig herausnehmen.
5. Halten Sie die kleinen Ratten außerhalb ihres vertrauten Heimes in Ihrer hohlen Hand, überfordern Sie sie bitte nicht! Setzen Sie die Tiere nach kurzer Zeit wieder zurück in ihren Käfig.

Gefahrenquellen beim Freilauf

Für erlaubterweise freilaufende, aber auch für entwischte Ratten:

- tiefe Behälter mit glatter Wandung,
- Gefäße mit alkoholischen Getränken, heißen Speisen u. ä.,
- offene Aquarien,
- heiße Herdplatten,
- Elektrokabel und Steckdosen,
- Kakteen und Giftpflanzen,
- Medikamente, Filzstifte, Klebstoffe, Putzmittel und sonstige Chemikalien,
- Kerzen und offenes Kaminfeuer,
- gefüllte Aschenbecher,
- gekippte Fenster, geöffnete Türen, offene Schubladen,
- unbeaufsichtigt freilaufende Katzen, Hunde, Frettchen.

Um sich vor Freßfeinden zu schützen, haben viele Nagetiere nämlich einen trickreichen Mechanismus entwickelt, mit dem sie bei solchen Gelegenheiten ihre Schwanzhaut abstreifen. Für wildlebende Tiere kann das lebensrettend sein. Bei unseren als Heimtieren gehaltenen Ratten muß ein Abreißen der Schwanzhaut natürlich unbedingt vermieden werden, z.B. dadurch, daß man sie niemals am Schwanz faßt. Statt dessen nimmt man sie hoch, indem man mit einer Hand unter ihren Bauch und mit der anderen Hand schützend über den Rücken greift.

Ratten richtig füttern

Heimtierratten brauchen abwechslungsreiche Kost. Dazu gehört Körnerfutter ebenso wie Grün- und Frischfutter sowie gelegentlich einige Leckerbissen wie z. B. Nageknochen oder ölhaltige Sämereien. Insbesondere in den Sommermonaten benötigen Ratten auch reichlich Flüssigkeit. Frisches Trinkwasser (Leitungswasser!) sollte ihnen deshalb stets zur Verfügung stehen.

Die Mischung muß stimmen

Getreidekörner und beispielsweise Sonnenblumenkerne sind reich an pflanzlichen Eiweißen und Kohlenhydraten, Inhaltsstoffen, die den Zellaufbau und den Körperstoffwechsel aufrechterhalten. Im Getreide sind zudem lebenswichtige Substanzen wie Mineralstoffe und Spurenelemente enthalten. Frisches Obst und Gemüse sind reich an Vitaminen, welche die Ratten ebenfalls in ausreichender Menge benötigen, um gesund und leistungsfähig zu bleiben. Auf die Zufuhr von Vitamin C sind Ratten allerdings nicht angewiesen. Anders als wir Menschen und z. B. die Meerschweinchen können sie diesen wasserlöslichen Bestandteil selbst produzieren. Nicht zu vergessen sind die tierischen Eiweiße in Mehlwürmern, Quark, Käse, Joghurt und hartgekochtem Ei – welches Sie übrigens am besten mit der kalkhaltigen Schale an Ihre Tiere verfüttern. Solche Produkte sind besonders wertvoll und deswegen gerade während der Trächtigkeit und der Jungenaufzucht – und außerdem als Nahrungsergänzung für Rattenwelpen – gut geeignet.

Fette, insbesondere die lebensnotwendigen (essentiellen) Fettsäuren, brauchen Ratten natürlich ebenfalls. Diese Stoffe finden sich hauptsächlich in Kürbis- und Sonnenblumenkernen und in den verschiedensten Nußfrüchten.

Diese Schnuppernase hat ihr Vorratslager gut gefüllt.

So bleiben Ihre Ratten gesund

Für die Gesunderhaltung von Heimtierratten ist ein Kohlenhydratanteil von rund 55%, ein Fettanteil von 3 bis 5% und ein Eiweißwert von 15 bis 20% am günstigsten. Höhere Eiweißanteile in der Rattennahrung haben nach neuesten Erkenntnissen eine deutlich erhöhte Nieren- sowie Krebserkrankungsrate zur Folge. Deswegen ist gerade bei den leider nur recht kurzlebigen Ratten auf eine angemessene Eiweißversorgung vordringlich zu achten.

Mangelerscheinungen und ernährungsbedingte Erkrankungen können Sie außerdem vermeiden helfen, wenn Sie Ihren Tieren nur frisches, unverdorbenes Futter anbieten und darüber hinaus noch vielseitig und stets ausgewogen füttern.

Fertigfutter

In gutsortierten Zoofachgeschäften werden bereits spezielle Trokkenfuttermischungen für Heimtierratten angeboten. Es handelt sich dabei um sogenannte Voll-, Komplett- , Haupt- bzw. Alleinfuttermittel, die nicht weiter ergänzt werden müssen. Trotzdem dürfen Sie Ihren Tieren natürlich ab und zu beispielsweise ein Stückchen Apfel, ein Bröckchen hartgekochtes Ei oder etwas Naturjoghurt reichen. Zusätzlich genügend hartes Nagematerial, das ist auch bei einer solchen Komplett-Futter-Gabe Bedingung. Wenn Ihre Tiere die Abwechslung lieben, können Sie gelegentlich eine eigene Hausmischung aus Körnern und etwas Frischfutter selbst zusammenstellen.

Frischfutter

Als Frischfutter eignen sich ungespritztes Obst und Gemüse, wie zum Beispiel Äpfel, Birnen, Bananen, Karotten und gegarte Kartoffeln. Außerdem Äste und Zweige von unbehandelten Obstbäumen oder Weiden und ein paar saftige Klee- und Löwenzahnblätter oder Getreidesprossen. Auch Milchprodukte wie Quark und Naturjoghurt in kleinen Mengen (max. 1 gestr. TL pro Tag und Tier) oder ein Käsewürfelchen gehören dazu. Kohl darf nicht gefüttert werden. Er kann Magen-Darm-Beschwerden hervorrufen.

Leckereien und Nagestangen

Leckerbissen wie Kürbiskerne, Erd-, Hasel- oder Walnüsse, Joghurtdrops, Rosinen, Kolbenhirse u. ä. lassen Ratten schnell zutraulich werden, spornen sie zu Höchstleistungen an und sind deshalb bestens geeignet, Spiele zwischen Mensch und Tier zu fördern. Trotzdem sollten Ratten solche Leckereien nur gelegentlich erhalten, insbesondere im Hinblick auf ihre sportliche Figur. Harte Knabberartikel wie Körnerpreßlinge, Nagerkräkker, Hundekuchen, Knäckebrot, Vollkornzwieback und hart getrocknetes Vollkornbrot dürfen reichlicher gegeben werden. Besonders zum Abschleifen der Nagezähne

Die meisten Ratten lieben selbstgekeimte Getreidesprossen (hier Alfalfa).

Joghurtprodukte ohne Zuckerzusatz sind auch für Ratten am gesündesten.

Körnerfuttermenü selbst gemixt:

Ein Kilo Körner-Grundfutter besteht hauptsächlich aus:

- Hafer (400 g)
- Weizen (300 g)
- Dinkel (100 g)
- Hirse (50 g)
- Gerste (50 g)

und geringeren Mengen von:

- Mais (20 g)
- Reis (20 g)
- Buchweizen (20 g)
- Leinsaat oder Hanf (10 g)
- Haferflocken (30 g)

sind sie unentbehrlich. Lecker und gesund ist auch selbstgemachte KnabberKost (siehe Rezept).

Was natürlich nicht auf den Speisezettel Ihrer Heimtierratten gehört, sind Süßigkeiten (Schokolade, Bonbons usw.), stark gewürzte Essensreste oder z. B. geräucherte Wurstwaren. Es ist ungesund, außerdem macht es dick. Ebensowenig sollten die Tiere rohes Ei oder z. B. ungegarte Fischprodukte bzw. rohes Fleisch erhalten. So wird die Infektionsgefahr durch Würmer, Salmonellen und Toxoplasmose-Erreger gebannt.

Vorratslager

Ratten sind leidenschaftliche Vorratshalter. Nicht nur Körner werden eingelagert, auch Frischfutter wird in den unterschiedlichsten Verstecken gehortet. Gerade Feuchtfutter fault und schimmelt rasch. Werden größere Mengen davon gefressen, können Darmstörungen oder Infektionskrankheiten die Folge sein. Kontrollieren Sie Frischfutterreste deshalb täglich. Ist viel übrig geblieben, entfernen Sie die Vorräte und geben in den nächsten Tagen etwas weniger davon.

TIP

Eine zu reichliche Frischfütterung kann bei empfindlichen Tieren zu Durchfallerkrankungen führen. Bemerken Sie bei Ihren Nagern breiigen Kot, sollten Sie als erste Maßnahme ein bis zwei Tage auf die Verfütterung von Obst, Gemüse und Milchprodukten verzichten.

Doch nicht nur das leicht verderbliche Frischfutter, sondern auch die haltbaren Getreidevorräte müssen kontrolliert werden. Da die kleinen emsigen Markierer neben den Einrichtungsgegenständen ihres Käfigs gelegentlich auch ihre Nahrung, also auch das Trockenfutter durch Kot und Urintröpfchen kenntlich machen, kann dieses in angefeuch-

Rattenfutter in großer Auswahl. Probieren Sie einfach aus, welche Mischung Ihren Tieren am besten mundet.

Der Rattenpelz

Das Haarkleid deiner Ratten besteht aus sehr dichtem, feinem, wolligem Unterhaar und steiferen, längeren sogenannten Grannenhaaren. Bei den Böcken fühlt es sich insgesamt etwas härter an als bei den Weibchen. Wie du ja schon weißt, haben wildlebende Wanderratten ein graubraunes Fell. Diese Tarnfärbung kann bei älteren Tieren und als Anpassung an die Umgebungstemperatur etwas variieren. So ist das Fell um so heller, je höher die Temperatur bzw. je älter das Tier ist. Dieses „Ausbleichen" der Fellfarbe beim Alttier gibt es nicht nur bei wildlebenden Ratten. Auch bei deinen Heimtierratten kannst du es beobachten. Ganz besonders stark ist diese Aufhellung bei Ratten mit der Husky-Zeichnung.

tetem Zustand ebenso wie Feuchtfutter zu schimmeln oder zu gären beginnen. Aus diesem Grund sollten Sie umfangreiche Trockenfutterlager ebenfalls räumen und die Rationen etwas kürzen.

Idealgewicht

Heimtierratten sind meistens etwas größer und schwerer als ihre wilden Verwandten. Dennoch müssen auch sie immer so schlank wie nur möglich gehalten werden. Denn Untersuchungen an Laborratten zeigen, daß idealgewichtige Tiere seltener an schwerwiegenden Erkrankungen wie etwa Krebs oder Zukkerkrankheit (Diabetes mellitus) leiden und somit eine etwas höhere Lebenserwartung haben als Schwergewichtler.

Es gibt gelegentlich auch Ratten, die extrem dickleibig sind. Sie leiden meist an einer erblich bedingten Fettsucht, bei der verschiedenste Prozesse im Körper betroffen sind, so z. B. der Energie- und Fettstoffwechsel, die Futteraufnahme und das Freßverhalten. Hier hilft nur strikte Diät und viel Bewegung. Während die Rudelmitglieder nach ihrem Freilauf bereits wieder im Käfig sind und „mampfen“, muß das Dickerchen sich draußen noch tüchtig trimmen und bekommt nachher nur noch die „Reste“.

Ausgewachsene Ratten-Böcke sollten zwischen 350 und maximal 600 g und Ratten-Weibchen zwischen 250 und 350 g wiegen. Um dieses Gewicht zu halten, brauchen sie ca. 20 g Körnerfutter pro Tag und Tier. Das entspricht ungefähr zwei gestrichenen Eßlöffeln voll. Ist der Futternapf täglich leergefressen, ohne daß die Tiere gleichzeitig an anderen Stellen und in Verstecken große Vorratslager angelegt haben, können Sie die Tagesration leicht erhöhen.

Rezept für Nagerringe

- 100 g Vollkorn-Haferflocken
- 50 g Dinkelschrot
- 25 g Weizenkörner, in Wasser gequollen
- 20 g Hirse
- 20 g Sesam
- 1 Karotte, geraspelt
- 1 kleiner Apfel, gehobelt
- 1 Ei
- Wasser

Zutaten gründlich vermischen, dick ausrollen und Ringe ausstechen. Im Backofen bei 175 °C ca. 15 Min. ausbacken.

Gepflegt von Kopf bis Fuß

Ratten sind von Natur aus äußerst reinliche Tiere. Sie putzen sich häufig und gründlich.

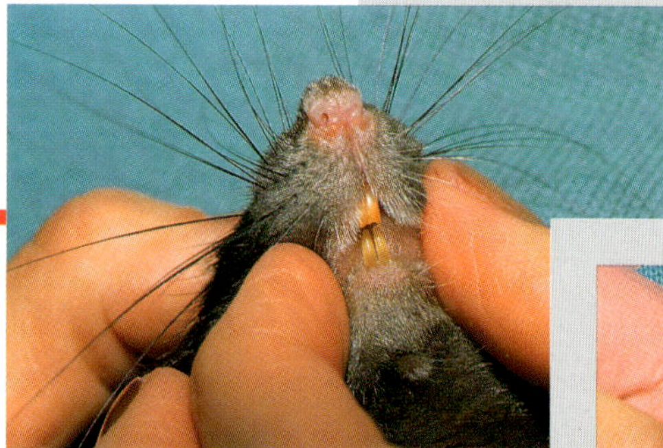

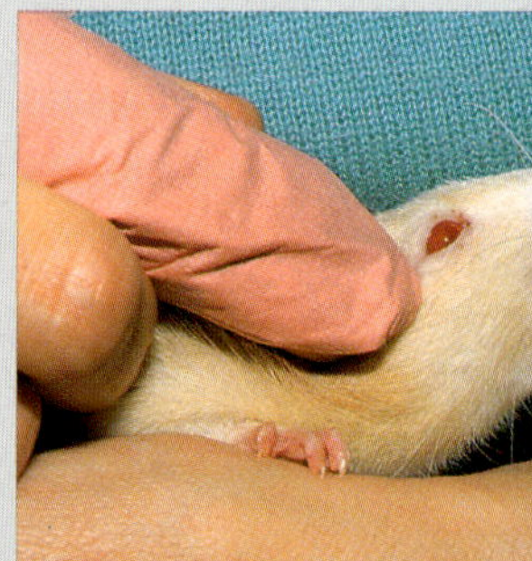

1

Übermäßiges Zahnwachstum kann zu Schmerzen bei der Nahrungsaufnahme und zu starken Kieferveränderungen führen. Um ihre ständig nachwachsenden Schneidezähne kurz zu halten, müssen Ratten „nagen, was das Zeug hält". Die regelmäßige Kontrolle ihrer Nagezähne hilft, Probleme rechtzeitig zu erkennen.

2

Entzündliche Veränderungen der äußeren Ohren sind selten. Schmutz wird behutsam mit einem Tüchlein ausgewischt.

Besonders nach dem Fressen sind Ratten auf eine penible Reinigung von Gesicht, Vibrissen und Pfötchen bedacht. Oft kann man sie dabei beobachten, wie sie sich mit großer Hingabe auch wechselseitig pflegen. Vom eben Geputzten ist dann manchmal ein deutliches Fiepen zu vernehmen.

Auch unsere zärtlichen Streicheleinheiten, ein sanftes Bürsten oder Abreiben nehmen sie als Pflegehandlung meist gern und genüßlich entgegen. Danach ist es aber nicht ungewöhnlich, daß sie sich nun erneut selbst am ganzen Körper gründlich säubern.

Das heißt mit anderen Worten: Die Körperpflege können wir unseren „Rüsselnäschen" getrost selbst überlassen. Es sei denn, sie sind bereits sehr alt oder krank.

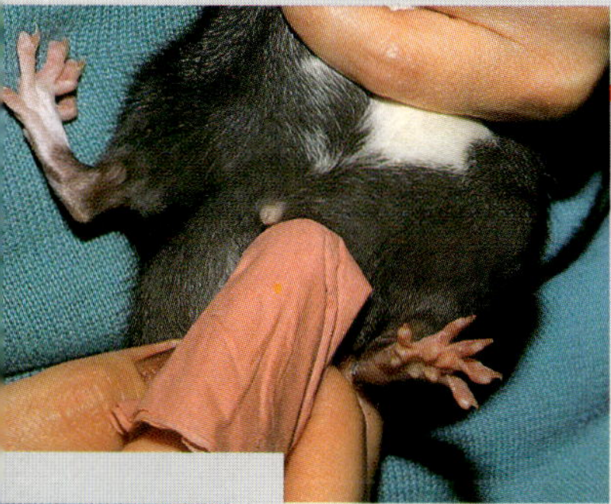

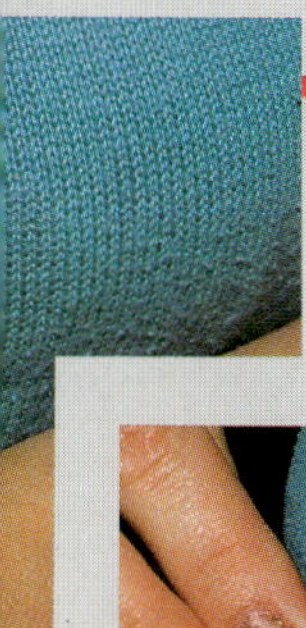

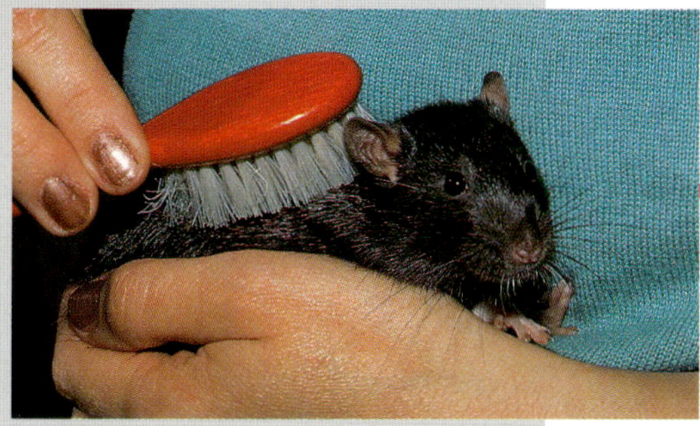

3

Bei alten Rattenböcken, die sich nicht mehr selbst putzen können, sammeln sich schleimige Ablagerungen um den Penis. Sie werden mindestens einmal täglich mit einem Läppchen entfernt.

4

Der Zustand der Augen verrät viel über den Gesundheitszustand des kleinen Pfleglings. Augenausfluß oder Verkrustungen werden vorsichtig mit einem weichen Tuch abgewischt.

5

Alttiere, die ihr Fell aufgrund mangelnder Beweglichkeit nicht mehr ausreichend pflegen können, genießen solche sanften Bürstenmassagen.

Hygiene im Rattenheim

Großen Anteil an der Top-Kondition unserer Heimtierratten – dazu gehören u. a. ein dichtes glänzendes Haarkleid, strahlend-klare Knopfaugen und geschmeidige Ballen an den Füßen – hat neben gesunder Ernährung, artgerechter Bewegungsförderung und Beschäftigung (im Käfig sowie beim Freilauf) natürlich auch ein regelmäßig und gründlich gesäubertes Nagerheim. Abgesehen von diesem Einfluß läßt ein so gepflegter Käfig auch keine Geruchsbelästigung befürchten. Völlig ohne „Düftchen" geht es bei der Rattenhaltung – wie generell bei der Haltung von Haustieren – freilich nicht ab. Ausgesprochen empfindliche Nasen findet man unter eingefleischten Tierhaltern deswegen nur selten.

Viele Krankheiten lassen sich durch gute Haltungsbedingungen, ausreichend Bewegung und Beschäftigung, sorgfältige Pflege und artgerechte Ernährung verhindern. Auch die zahlreichen alternativen Pflege- und Heilmethoden können dazu beitragen, daß Ihre Ratten bis zum Lebensabend gesund und munter bleiben. Im Erkrankungsfall ist eine frühzeitige und gezielte Behandlung wichtig.

Natürlich gesund

So bleiben Ihre Ratten gesund

Die gesunde Ratte

Eine gesunde Ratte, die sich wohl fühlt ...

- ist lebhaft und aufmerksam,
- nimmt neugierig auch zum Menschen Kontakt auf;
- bewegt sich gewandt und zielstrebig;
- betreibt ausgiebig Körperpflege;
- frißt mit Appetit;
- hat ein glattes, glänzendes Fell ohne kahle Stellen, Schorf oder Wunden;
- hat große, klare Knopfaugen und ein sauberes Näschen ohne Ausfluß;
- hat weder entzündete Pfoten noch einen verkrüppelten Schwanz;
- hat einen sauberen, nicht kotverschmierten After;
- atmet ruhig, 80- bis 140mal pro Minute;
- hat eine normale Körpertemperatur (36,5–38°C);
- hat eine Herzschlagfrequenz von rund 360 Schlägen in der Minute.

Artgerecht gepflegte Ratten sind wenig krankheitsanfällig. Streß infolge schlechter Haltungsbedingungen – dazu gehört auch die Einzelhaltung der Tiere –, unzureichender Pflege, falschen Handlings oder unausgewogener Ernährung kann aber bei den kleinen Nagern rasch zu ernsthaften Erkrankungen führen. Streßvermeidung und Hygiene sind bei der Haltung deshalb oberstes Gebot.

Zu einer artgerechten Pflege von Ratten gehören:

- vielseitige, ausgewogene Kost und eine eher sparsame Ernährung,
- tägliche Kontrolle sämtlicher Futtervorräte sowie Reinigung der Futternäpfe und Toilettenschalen,
- wöchentliche Reinigung der Wasserflaschen,
- Vermeidung von Zugluft und feuchter, stark staubender Einstreu/Nistmaterial.
- Verhinderung von Verletzungen durch Anschaffung eines geeigneten Käfigs mit entsprechender Innenausstattung und durch ein rattensicheres Freilaufzimmer,
- ausreichend Bewegung und artgerechte Beschäftigung im Käfig sowie beim täglichen Freilauf,
- genügend soziale Kontakte zu Artgenossen und menschlichen Pflegern.

Zum Tierarzt

Wird eines Ihrer Heimtiere trotz aller Vorsichtsmaßnahmen und sorgfältigster Pflege doch einmal krank und muß zum Tierarzt gebracht werden, achten Sie bitte unbedingt darauf, daß es auf dem Transport sicher untergebracht, warm gehalten und vor Zugluft geschützt wird.

Veränderungen frühzeitig erkennen

Für eine erfolgreiche Behandlung ist es gerade bei Kleintieren sehr wichtig, daß Krankheitsanzeichen rechtzeitig bemerkt und exakt beurteilt werden. Bei der täglichen und ausgiebigen Beschäftigung mit Ihren Ratten werden Sie auch schnell feststellen können, wenn es einem der Tiere nicht gutgeht.

Verhaltensveränderungen als Hinweise auf schwere Erkrankungen sind dabei besonders leicht zu entdecken. Sondert eines Ihrer Tiere sich auffallend häufig von den Käfiggenossen ab, zieht es sich zurück und verkriecht sich an einem dunklen Plätzchen, pflegt es sich nicht mehr so sorgfältig wie üblich oder frißt es schlecht, beißt es Sie oder seine Artgenossen unvermittelt, zeigt es eine stark veränderte, verkrampfte Körperhaltung oder kratzt es sich übermäßig oft und heftig? Dann heißt es, den klei-

nen Patienten möglichst rasch dem Tierarzt vorzustellen und den Ursachen auf den Grund zu gehen.

Kleinere Unpäßlichkeiten dagegen zeigen Ratten seltener durch deutlich geändertes Verhalten. Hier gilt es schon etwas genauer hinzuschauen bzw. hinzuhören. Können Sie Ihrem Tierarzt detaillierte Beschreibungen über die Veränderungen des Gesundheitszustandes Ihrer Pfleglinge geben, kann er rascher diagnostizieren und gezielter behandeln. Informieren Sie Ihren Tierarzt auch darüber, seit wann und nach welchen Vorkommnissen die Symptome auftreten, ob auch andere Ratten der Gemeinschaft betroffen sind und ob in der letzten Zeit Gast-Ratten betreut oder eine Rattenausstellung besucht wurde, ob noch andere Tierarten in Ihrem Haushalt leben usw. Teilen Sie dem Arzt auch mit, ob Sie beispielsweise die Futtersorte gewechselt haben oder auf andere Einstreu bzw. Nistmaterial „umgestiegen“ sind. Denn manchmal sind es unbedeutend erscheinende Kleinigkeiten, die zu Krankheitserscheinungen führen können.

Wenn eine Operation nötig wird

Da Ratten nicht erbrechen können, ist es auch nicht nötig, sie vor einer Operation hungern zu lassen. Wegen des hohen Grundumsatzes dieser kleinen Tiere kann Fasten zu starken Stoffwechselveränderungen führen und somit das Narkoserisiko erhöhen. Sie sollten Ihrer Ratte also bis rund zwei Stunden vor Abfahrt zum Tierarzt Futter und Wasser zur Verfügung stellen. Achten Sie außerdem darauf, daß der kleine Patient während und nach der Narkose nicht auskühlt. Aufgrund seiner geringen Körpergröße ist dies nämlich leicht möglich. Nach dem Erwachen bieten Sie Flüssigkeit an, erst später etwas Babybrei oder ein paar Haferflocken. Drei bis vier Tage bleibt die Ratte – getrennt von ihren Rudelmitgliedern – in einem dick mit Küchenpapier ausgelegten Krankenkäfig. Mehrmals täglich werden die Käfigeinlagen erneuert und der Gesundheitszustand des Rekonvaleszenten überprüft. Sobald die Operationsnarbe es zuläßt, darf er zurück zu seinen Artgenossen und natürlich auch wieder seinen Freilauf genießen.

Krankheitserkennung

Das Tier...

- ist matt und teilnahmslos;
- frißt nicht oder zeigt starken Gewichtsverlust;
- zeigt eine stark gekrümmte Körperhaltung mit gesträubtem, struppigem Fell;
- hat Schmerzen, z. B. bei Berührung bestimmter Körperstellen;
- beißt plötzlich beim Anfassen oder Hochnehmen;
- atmet schwer und rasselnd;
- hat rötlich gefärbten Ausfluß aus den Augen und/oder der Nase;
- zeigt Unregelmäßigkeiten beim Fressen, wie stark veränderte Kopfhaltung bzw. Kieferfehlstellung (z. B. infolge überlanger Nagezähne);
- hat Ausfluß aus der Vagina bzw. aus dem After;
- zeigt Schwellungen bzw. harte Knötchen auf/in der Haut;
- hat entzündete Wunden, z. B. an den Ballen, oder unnatürlich stark ausgeprägte Schwielen an den Pfoten;
- hat schütteres Haar oder starken Haarausfall, z. B. mit Bildung kreisrunder Kahlstellen;
- kratzt sich übermäßig häufig;
- lahmt oder taumelt.

Typische Erkrankungen

Ein Schneidezahn des Oberkiefers.

Atemwegsinfekte

Rasselnde, knackende und keuchende Atemgeräusche – noch dazu gekoppelt mit heftigem Niesen und starkem Nasenausfluß – sind sehr ernste Krankheitszeichen. Innerhalb kürzester Zeit sollte eine antibiotische Behandlung einsetzen, damit den Tieren geholfen werden kann. Eine hohe Flüssigkeitszufuhr und Wärme (nicht Infrarotlicht, besser Dunkelstrahler!) sind zusätzlich empfehlenswert. Ansonsten kann der Atemwegskatarrh rasch chronisch verlaufen und das Immunsystem der kleinen Nager im Laufe der Zeit ganz erheblich schwächen. Andere Krankheitserreger haben dann leichtes Spiel.

Zugluft ist eine der häufigsten Ursachen für Erkrankungen der Atemwege. Aber auch Bakterien, Viren und andere Erreger wie die für die Ratten hochansteckenden Mykoplasmen können Atemwegsinfekte hervorrufen. Durch *Mycoplasma pulmonis* verursachte Katarrhe verlaufen häufig tödlich und können sämtliche Tiere einer Wohngemeinschaft gefährden.

„Blutnase"

In die inneren Augenwinkel der Ratte münden die Harder´schen Drüsen. Sie produzieren ein fett- und pigmenthaltiges Sekret, das Augäpfel und Lider geschmeidig hält. Wird dieses durch sogenannte Porphyrine (nicht Blut!) rötlich gefärbte Sekret im Übermaß produziert, tritt es verstärkt über die Tränenflüssigkeit sowie durch die Nasenlöcher (Schleim) nach außen. Außerdem nimmt seine Färbung an Intensität zu. Diese Erscheinung ist dann ein sicherer Hinweis auf Streßsituationen und/oder Erkran-

Ein Schneidezahn des Unterkiefers.

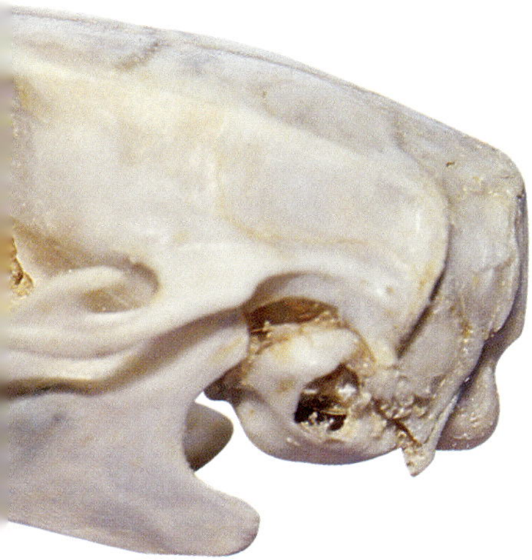

kungen. Das können krankhafte Veränderungen im Bereich der Atemwege sein, aber auch Störungen im Magen-Darm-Trakt oder im Nieren-Blasen-System können mit einer Blutnase einhergehen. Ursächlich wird eine allgemeine Schwächung des Immunsystems vermutet. Ein intaktes und durch richtige Haltung gestärktes Abwehrsystem ist demnach auch bei Ratten die allerbeste Krankheitsvorbeugung.

Haut- und Fellprobleme

Neben Hautschmarotzern (Ektoparasiten) wie Läusen, Flöhen, Haarlingen und zum Beispiel Milben können bei Heimtierratten außerdem Pilzbefall, Ernährungsfehler und Allergien (z. B. auf Heu, Eiweiß, Nüsse, Saaten) zu Hauterkrankungen und Fellveränderungen führen. Die krankhaften Symptome reichen von mattem, stumpfem Fell, bis zu großflächigem Haarausfall mit nässenden, stark juckenden Ekzemen und Schorfbildung. Da die betroffenen Tiere sich meistens heftig kratzen und sehr häufig an den befallenen Körperstellen wundlecken, verschlimmern sich die Krankheitszeichen rasch. Bei Ratten-Böcken kommt es gelegentlich zu rotbraun gefärbten, leicht fettigen Hautschüppchen-Ablagerungen im Rükkenbereich. Solche Erscheinungen sind nicht besorgniserregend.

Besonders bei übergewichtigen und in feuchter Einstreu gehaltenen Ratten können auch extrem starke Schwielenbildungen an den Ballen der Hinterfüße auftreten (sogenannte Bumblefeet). Kommen zu solchen Hautveränderungen entzündliche Prozesse hinzu, geht die Erkran-

Deutlich ausgeprägter Tumor der Milchdrüse bei einer 17 Monate alten Heimtierratte.

kung rasch in einen chronischen, schwer therapierbaren Zustand über. Eine rasche Diagnose der zugrundeliegenden Ursachen ist also auch für die schnelle und gezielte Behandlung von Hauterkrankungen bzw. Fellveränderungen entscheidend. Genügt zum Beispiel das Einreiben mit Ringelblumen-Salbe (Calendula) oder werden lokale Tupf- oder Waschbehandlungen mit insektizidhaltigen bzw. parasitenabtötenden Medikamenten nötig? Ein Tierarztbesuch sollte deshalb nicht hinausgezögert werden.

Durchfall

Neben Ernährungsfehlern, verunreinigtem Trinkwasser bzw. Futter und feuchter, stark verschmutzter Einstreu können auch Bakterien- oder Virusinfektionen sowie Wurmbefall Ursachen von Durchfallerkrankungen bei Heimtierratten sein.

Geringe Beschwerden Ihrer Pfleglinge können Sie lindern helfen, wenn Sie täglich die Einstreu wechseln und Haferflockendiät verabreichen. Reichlich Trinkwasser benötigen die an Durchfall leidenden Tiere ebenfalls. Träufeln Sie es ihnen notfalls mit einer Einmalspritze (ohne Kanüle) ins Mäulchen. Bei starken Symptomen wie heftigem, sehr dünnflüssigem oder schleimig-blutigem Kotabsatz sind die therapeutischen Möglichkeiten sehr begrenzt. Trotz Antibiotika-Gabe magern insbesondere junge Ratten außerordentlich rasch ab, und viele sterben bereits nach wenigen Tagen. Deshalb ist bei diesen kleinen Nagern Vorbeugung extrem wichtig.

Anfallssymptome und Lähmungen

Nach Virusinfektionen oder bei starkem Vitaminmangel kann es bei Ratten zu krampfartigen Anfällen kommen, die der Epilepsie des Menschen ähneln. Auch bakterielle Infekte können schwere Erkrankungen hervorrufen, so z. B. starke Innenohrentzündungen. Erkrankte Tiere halten ihren Kopf schief („Schiefkopf") und zeigen häufig auch Gleichgewichtsprobleme. Diese Erkrankung ist meist gut mit Antibiotika therapierbar. Deshalb muß sie zweifelsfrei von der sogenannten Rollkrankheit, einer nicht mehr behandelbaren Erkrankung des Nervensystems, die im Anfangsstadium ähnliche Symptome verursacht, unterschieden werden.

Die Rollkrankheit (Labyrinthitis) wird durch Erreger der Mykoplasmen-Gruppe verursacht. Sie ist sehr ansteckend und langwierig. Im Endstadium ist das erkrankte Tier nicht mehr in der Lage, sich aufrecht zu halten oder zu laufen. Es rotiert nun fortwährend um seine Körperlängsachse. Ein schmerzloses Einschläfern des kleinen Nagers ist dann unumgänglich.

Insbesondere bei alten Ratten kann eine teilweise oder vollständige Lähmung der Hintergliedmaßen auftreten. Zunehmender Muskelschwund verschlechtert rasch die Mobilität des kleinen Patienten. Betroffene Tiere scheinen dadurch aber kaum an Lebensfreude zu verlieren. Nur putzen können sie sich nun nicht mehr ausreichend. Deshalb sollten erkrankte Ratten mindestens einmal täglich mit einem feuchten Läppchen vor allem im Kopfbereich und an den Genitalien gesäubert werden.

Tumorerkrankungen

Bei sehr alten Ratten treten gehäuft Geschwulstbildungen auf, die in rund der Hälfte der Fälle gutartig sind. Auch Jungtiere können von solchen Gewebeveränderungen speziell der Haut und der Milchdrüsen betroffen sein. Werden Tumore rechtzeitig entdeckt, können selbst

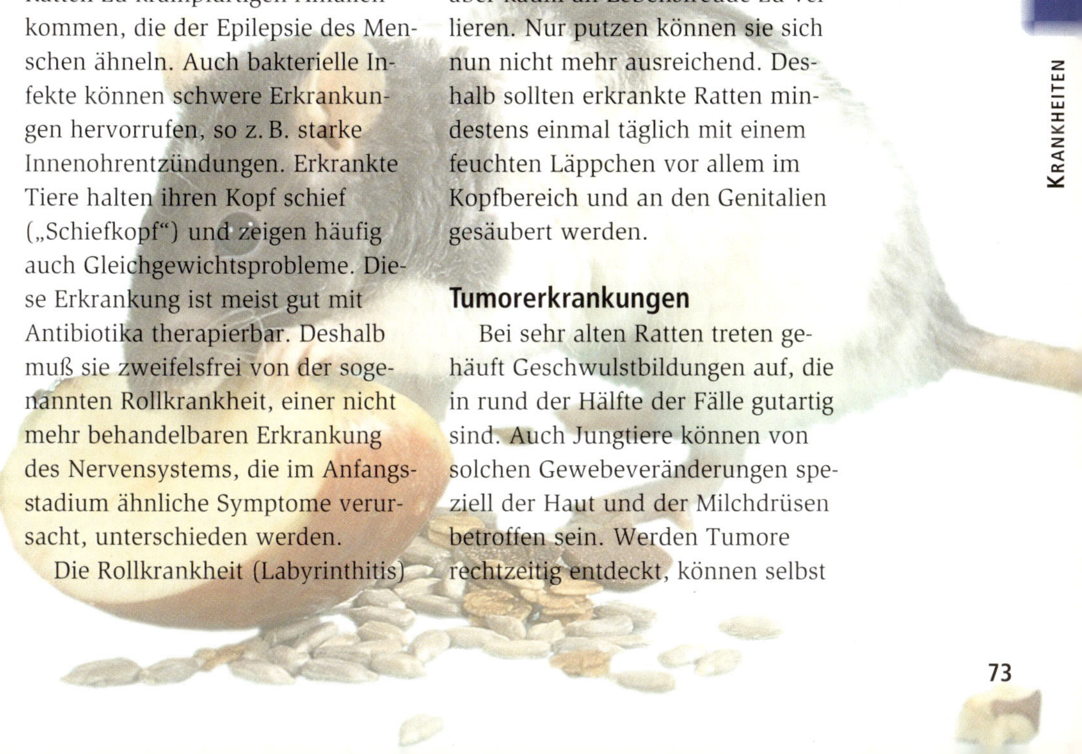

Häufige Alterserscheinungen

Geringere körperliche Aktivität
Grund: nachlassende Bewegungsfreude
Maßnahme: Alltagsroutine ohne Streß; Bach-Blüten (Clematis Nr. 9, Hornbeam Nr. 17, Wild Rose Nr. 37)

Unsichere Kletterpartien
Grund: eingeschränkte Beweglichkeit durch nachlassende Leistungsfähigkeit des Bewegungsapparates
Maßnahme: Käfigeinrichtung absturzsicher gestalten

Nachlassender Appetit
Grund: geringere Leistungsfähigkeit von Geruchs- und Geschmackssinneszellen
Maßnahme: Vitaminpräparate reichen, um Mangelzustände zu vermeiden; Heilkräuter (Löwenzahn)

Schlechtere optische und akustische Orientierungsfähigkeit
Grund: abnehmende Hör- und Sehleistungen (Linsentrübung)
Maßnahme: Käfigeinrichtung nach dem Säubern nicht mehr verändern

Überlange Krallen
Grund: verringerte Beweglichkeit aufgrund nachlassender Bewegungsfreude oder z. B. Muskelerkrankungen
Maßnahme: mit Nagelzange vorsichtig kürzen

Überlange Schneidezähne
Grund: nachlassender Appetit, kariöse Zähne, überwiegende Weichfuttergabe oder Nahrungspräferenzen
Maßnahme: vom Tierarzt kappen lassen (evtl. zur Beruhigung vorab Bach-Blüten-Behandlung)

Schütteres, ungepflegtes Haarkleid
Grund: geringere Beweglichkeit, Veränderungen im Sexualhormonspiegel
Maßnahme: behutsames Bürsten des Fells (außerdem: „Ausbleichen" der Fellfarbe S.60)

Smegma-Ablagerungen auf dem Penis bei Böcken sowie Inkontinenz
Grund: nachlassender Putztrieb bzw. Harnblasenschwäche
Maßnahme: einmal täglich mit lauwarmem Wasser sanft abwischen
(Smegma: Vorhauttalg = abgestorbene Hautschuppen + Bakterien + Sekrete)

Harte Knötchen oder Schwellungen der Haut, des Gesäuges usw.
Grund: gut- oder bösartige Gewebeveränderungen
Maßnahme: frühzeitige operative Entfernung, solange das Tier noch bei gutem Allgemeinzustand ist (geringeres Narkose-Risiko)

bösartige Geschwülste durch operative Entfernung (am günstigsten unter Inhalationsnarkose) erfolgreich behandelt werden. Je größer die Krebsgeschwüre, um so schlechter die Prognose. Deshalb ist rasches Handeln zwingend notwendig. Tierärztliche Eingriffe, insbesondere Operationen unter Vollnarkose, sind teuer und übersteigen den Kaufpreis der Ratten von rund 7,– DM für Albinos und bis zu 15,– DM für verschiedene Farbschläge bei weitem. Trotzdem sollte es selbstverständlich sein, den geliebten Heimtieren solche u.U. lebenserhaltenden Behandlungen nicht aus Kostengründen vorzuenthalten.

Abschiednehmen

Sondert sich ein altes oder krankes Tier von der Gruppe ab und kauert mit struppigem Fell, in gekrümmter Körperhaltung und mit Flankenatmung in einer Käfigecke, frißt es nicht und läßt sich auch mit sonst geschätzten Leckerchen nicht mehr aus seinem Versteck hervorlocken, dann steht der Abschied bald bevor. Ein natürlicher Tod ist leider nur den wenigsten unserer Heimtierratten vergönnt. Im Endstadium mancher Erkrankungen treten Erstickungs- oder Krampfanfälle auf, die den Tieren mit Sicherheit großes Unbehagen bereiten. Einschläfern ist dann oft die einzige Möglichkeit, die kleinen Nager von ihren Qualen zu erlösen. Bitten Sie Ihren Tierarzt, Ihre Ratte zunächst zu betäuben. Dann muß sie beim letzten Schritt, der sogenannten Tötungsspritze, nicht leiden.

Gesund mit Naturheilverfahren

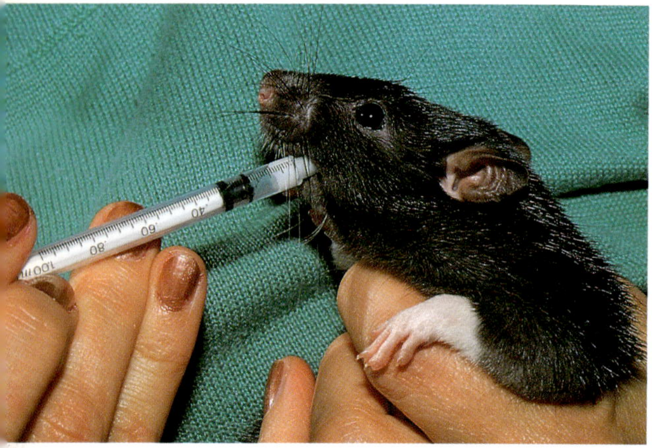

Flüssigkeitseingabe mit einer Tuberkulinspritze.

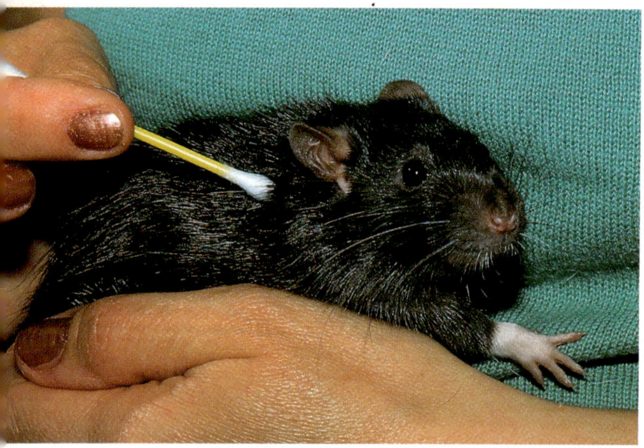

So werden kleine Wunden mit Salbe betupft.

Neben verschiedensten schulmedizinischen Therapieformen gewinnen auch in der Tierheilkunde alternative Behandlungsmethoden immer mehr an Bedeutung. Alternative Heilverfahren wie Homöopathie, Heilkräuteranwendung, Bach-Blüten-Therapie oder z. B. TTouch berücksichtigen das Zusammenspiel körperlicher und seelischer Prozesse mit dem Ziel der Harmonie zwischen beiden. Sie können auch bei Kleinnagern wie den Heimtierratten erfolgreich eingesetzt werden.

Die auf den folgenden Seiten vorgestellten Heilmethoden geben einen Einblick in dieses Gebiet, ersetzen aber nicht die Beratung durch den Tierarzt bzw. Tierheilpraktiker und das Studium entsprechender Fachliteratur (siehe Anhang).

Homöopathie

Die Homöopathie ist ein Naturheilverfahren, das die vorhandenen Heilkräfte im Körper anregt und stärken hilft. Als sogenannte Reiztherapie kann sie den Organismus bei der Bekämpfung einer Erkrankung gezielt unterstützen. In sehr hoher Dosierung können spezifische homöopathische Grundsubstanzen Symptome auslösen, die den jeweiligen zu behandelnden Erkrankungserscheinungen sehr ähnlich sind. Hochverdünnt und geschüttelt dagegen, entfalten sie ihre heilende Wirkung. Als Potenzierung wird dieses Prinzip bezeichnet, mit dem aus einer sogenannten Urtinktur die verschiedenen Potenzen und somit

Wirksamkeiten eines Homöopathikums erzeugt werden. Bei D-Potenzen erfolgt die Verdünnung in Zehnerschritten. Eine D1 beispielsweise enthält die Urtinktur im Verhältnis 1:10 zu der alkoholischen Lösung, mit der sie verdünnt wurde, eine D2 im Verhältnis 1:100 usw. Man unterscheidet tiefe (D1 bis D8), mittlere (bis D20) und hohe Potenzen (ab D21). Als Anwendungsregel gilt: Je länger eine Erkrankung dauert, desto höher die Potenz des Homöopathikums.

Homöopathische Arzneimittel können allein oder als Ergänzung zur Schulmedizin eingesetzt werden. Nur auf eigene Faust sollten Sie nicht mit diesen Mitteln experimentieren, vor allem dann nicht, wenn Ihre Tiere bereits gravierende Krankheitssymptome zeigen.

Einreibungen mit Ringelblumensalbe helfen bei Juckreiz.

Heilkräuter

Wildlebende Ratten nehmen verschiedenste Gräser, Kräuter und Früchte zu sich und profitieren so – ganz nebenbei – von den gesundheitsfördernden Inhaltsstoffen dieser Futtermittel, so z. B. von den Bitter-, Gerb- und Schleimstoffen, den flüchtigen Stoffen wie den ätherischen Ölen oder den Enzymen und Vitaminen. Als Heimtiere haben unsere Ratten nicht mehr die freie Auswahl und sind nun darauf angewiesen, daß wir die richtigen Nahrungskomponenten für sie zusammenstellen. Bedienen auch Sie sich deshalb der heilenden Wirkung von Pflanzenteilen und machen sich diese bei der Behandlung bzw. Gesunderhaltung Ihrer Heimtiere zunutze.

Naturheilkundliche Hausapotheke für Ratten

Arnica montana (Arnika)
Zur Wundbehandlung (z. B. Ballenabszesse), desinfizierend, schmerzlindernd, entzündungshemmend, heilungsfördernd;
äußerlich als Salbe oder Tinktur (5–10 Tropfen Arnika-Tinktur mit 1 Eßl. Wasser verdünnen), innerlich z. B. Arnika D4, 3x tägl. 1 Tropfen.

Atropa belladonna (Tollkirsche)
Bei Atemwegsinfekten und Entzündungen, innerlich z. B. Belladonna LM6, 3x tägl. 1 Globulus.

Calendula officinalis (Ringelblume)
Zur Behandlung schlecht heilender Wunden (z. B. Ballenabszesse);
äußerlich als Salbe oder Tinktur (Verdünnung etc. wie bei Arnika).

Hepar sulphuris (Kalkschwefelleber)
Bei Hauterkrankungen mit starkem Juckreiz, stumpfem Fell und bei Atemwegsinfektionen; innerlich, z. B. Hepar sulphuris D12, 1x tägl. 1 Globulus.

Nux vomica (Brechnuß)
Bei Magen-Darm-Störungen;
innerlich, z. B. Nux D6, 2x tägl. 1 Globulus mindestens 10 Tage lang.

Pulsatilla vulgaris (Küchenschelle)
Bei schleimigem Durchfall;
innerlich, z. B. Pulsatilla D6, 3x tägl. 1 Globulus.

Viscum album (Mistel)
Zur Eindämmung von Tumorwachstum durch Unterstützung des Immunsystems;
innerlich, z. B. Viscum D4, 3x tägl. 1 Globulus.

Unterschiedliche Darreichungsformen homöopathischer Arzneimittel: Verreibung, Tabletten, Globuli und alkoholische Verschüttelung.

Viel menschliche Zuwendung: Auch sie hilft heilen.

Heilkräuter für Ratten zum Selbersammeln

Sammeln Sie nur an unbelasteten Standorten!

Roter oder Weißer Klee
(insbesondere Blüten)
Gegen Durchfallerkrankungen und zur Anregung des Stoffwechsels.

Gänseblümchen (Blüten, Blätter)
Insbesondere bei Atemwegsinfekten, da entschleimend und vitaminreich.

Löwenzahn (Blätter, fein hacken)
Zur Anregung des Stoffwechsels, vitaminreich.

Echte Kamille
(Teeaufguß aus Blüten)
Nie am Auge anwenden!! Bei Blähungen und Durchfallerkrankungen, da es krampflösend und beruhigend wirkt.

Hagebutte (Früchte, für Teeaufguß und Fruchtmus)
Vitaminreich, appetitanregend, zur Stärkung des Immunsystems und zur Steigerung der Infektabwehr.

Sie können Heilkräuter als Futterzusatz, als Aufguß zum Trinkwasser oder als Spezialpräparate aus der Apotheke einsetzen, z. B. als Tropfen zum Eingeben oder Salben zur äußerlichen Anwendung. Als Faustregel für die Dauer ihrer Anwendung gilt: mindestens zwei und höchstens sechs Wochen.

Doch Heilkräuter können nur bei leichten Beschwerden und eindeutigen Befunden den Gang zum Tierarzt ersetzen. Bei ausgeprägteren oder unklaren Symptomen muß die Ratte unbedingt in der Praxis vorgestellt werden.

Bach-Blüten

Bestimmte Charaktereigenschaften, die nicht immer harmonisch gelebt werden können, haben wir Menschen ebenso wie unsere Tiere. Dementsprechend reagieren auch Tiere auf die Behandlung mit Bach-Blüten, deren Wirkprinzip auf feinstofflicher Basis, den sogenannten Blütenenergien, zu beruhen scheint. Das Geheimnis der Blütenkräfte entdeckte der englische Arzt und Bakteriologe Dr. Edward Bach zu Beginn des 20. Jahrhunderts und entwickelte daraus seine inzwischen sehr populär gewordene Bach-Blüten-Therapie. 37 Pflanzenarten finden darin Verwendung.

Bach-Blüten-Mischungen können Sie sich in der Apotheke zubereiten lassen. Dazu werden die jeweiligen Blütenessenzen (2 Tropfen) mit 10 ml eines Alkohol-Wasser-Gemisches verdünnt. Von dieser Verdünnungslösung träufeln Sie Ihrer Ratte im Bedarfsfall dreimal täglich 1 Tropfen ins Mäulchen. Auch spezielle Notfall-Tropfen (Rescue) sind erhältlich. Sie enthalten eine Kombination aus fünf verschiedenen Bach-Blüten (Cherry Plum, Clematis, Impatiens, Rock Rose, Star of Bethlehem) und können auch bei Nagern unterstützend als Erste-Hilfe-Maßnahme in Notfallsituationen, aber auch bei Allergien, akuten Entzündungen wie z. B. den Bumblefeet und Infektionen sowie bei ängstlichen Tieren angewendet werden. Speziell die Bach-Blüte Centaury soll die Abwehrkräfte steigern und einen hemmenden Einfluß auf Tumorwachstum haben.

Die Notfalltropfen enthalten 5 Bach-Blüten: 1. Cherry Plum, 2. Clematis, 3. Impatiens, 4. Rock Rose, 5. Star of Bethlehem.

ProfiTip
von Dr. med. vet. Anne Warrlich

Probleme beim Einflößen?

Falls Sie Schwierigkeiten haben, Ihrer Ratte die Bach-Blüten-Tropfen einzuflößen, können Sie auch 1–2 Tropfen der Blütenmischung an einer gut zugänglichen Stelle in die Haut einreiben.

TTouch bei Heimtierratten

Der sogenannte TTouch (Tellington Touch) ist eine von der Amerikanerin Linda Tellington-Jones entwickelte neuartige Methode im Umgang mit Tieren. Die Grundbewegung dieser Berührungsbehandlung ist ein mit dem Finger mit mildem Druck ausgeführter 1 1/4 Kreis auf der Haut im Uhrzeigersinn von 6 Uhr bis 8 Uhr. Der Daumen liegt dabei zum Gegenkontakt dem Fell auf. Es wird stets nur eine Kreisbewegung gemacht, danach gleitet die Hand in Fellrichtung weiter. Man unterscheidet die Ohren-, Pfoten- oder z. B. die Schwanzarbeit. Wie die positiven Effekte der Berührungsbewegung zustande kommen, darüber gibt es noch keine wissenschaftlichen Nachweise. Man vermutet allerdings, daß sie aufgrund von Aktivierungen neuer Gehirnzellen und Nervenbahnen entstehen.

Auch Heimtierratten können von den gezielten Berührungen der Fingerspitzen ihrer menschlichen Pfleger profitieren. Erzwingen läßt sich freilich nichts. Ruhe und viel Geduld sind angesagt, will man seinen Ratten mit den kreisenden Bewegungen auf ihrer Haut Entspannung und Wohlgefühl verschaffen. Meist dauert es mehrere Sitzungen, bis die Tiere völlig „loslassen“ und die TTouches genießen können. Lohnenswert ist es aber auf jeden Fall, diese mit sanftem Druck ausgeführte Berührungsmethode einmal auszuprobieren und sich auf eine solch

Aus der Praxis

Nachdem ein einzeln gehaltenes, aggressives Ratten-Männchen ein solches Wattestäbchen zunächst heftig attackiert hatte, wurde seine Neugierde immer größer, so daß es nach wenigen Tagen das durch das Käfiggitter gehaltene Utensil interessiert beschnupperte und sogar an seinem Vorderkörper duldete. Besonders beeindruckend war es, als das Tier nach einigen Wochen schließlich seine Flanke gegen das Gitter preßte und die Touches regelrecht einforderte. Selbst wenn es sich auch weiterhin nicht anfassen ließ, war dadurch doch eine völlig neue und enge Beziehung zwischen Tier und Halter entstanden.

intensive und vertrauensvolle Interaktion mit seinen Heimtieren einzulassen.

Besonders zu empfehlen sind TTouches bei ängstlichen und kranken Ratten. Bei einem bissigen Tier beginnt man nicht gleich mit der Ohrenarbeit. Hier versprechen behutsame Berührungen am Rumpf – zum Beispiel mit einem Wattestäbchen – bessere Erfolge. Auch zur allgemeinen Steigerung des Wohlbefindens, der geistigen und körperlichen Beweglichkeit und bei emotionalen Belastungen wie der Vergesellschaftung mit Artgenossen oder zur Beruhigung vor der Behandlung beim Tierarzt kann der TTouch hilfreich sein.

●● ProfiTip ●●
von TTouch-Expertin Linda Tellington-Jones

Jeder kann es lernen

„Ich rede mit den Tieren mit beruhigender Stimme und dehne die Worte wie ‚guuut'. Das verlangsamt automatisch meine Atmung und Bewegung und macht mich sicher. Das Tier spürt das und spiegelt meine Sicherheit wider. Spannungen bauen sich ab."

Ohrenarbeit wirkt beruhigend und kann Heilungsprozesse unterstützen.

Der tägliche Freilauf in einem nagersicheren Zimmer ist das Allergrößte für Ihre Ratten. Da gibt es stets Neues zu entdecken und tausend Dinge, mit denen man sich vergnügen kann. Klopfen Sie doch einmal mit der flachen Hand rhythmisch auf den Boden, und Sie werden sehen, Ihre Ratzen gehen begeistert und mit typischen Hopsern und tollkühnen Sprüngen auf Ihre Spielaufforderung ein.

Spiel & Spass

Biotop Rattenheim

Die Schulter des Menschen ...

... ist ein begehrter Aufenthaltsort.

Erlebnislandschaften

Ein abwechslungsreich eingerichteter Käfig ist für Ihre Ratten die Erlebnislandschaft Nummer eins. Wenn Sie die Innenausstattung des Nagerheims ideenreich gestalten, häufig variieren, von Zeit zu Zeit ergänzen und nach den Bedürfnissen der einzelnen Tiere (um)gestalten, werden Ihre „Schnuppernasen" sich gern darin aufhalten. Haben die emsigen Buddler, Nager und „Lastenträger" zusätzlich noch vielfältigste transportable Utensilien, wie z. B. unterschiedliche Nistbaumaterialien, hartschalige Nüsse, steinhart getrocknetes Vollkornbrot usw., außerdem Sand, Einstreu, stabile, knorrige Äste und harte, dickwandige Pappkartons oder Röhren für ihre Beschäftigung, dann ist ihr Käfig schon ein kleines Paradies. Dennoch: Den täglichen Freilauf und die regelmäßige Interaktion mit den menschlichen Pflegern lieben Heimtierratten über alles.

Aktivitätszeit

Ratten werden überwiegend in der Dämmerung aktiv. Ihre beiden Hauptaktivitätsphasen liegen in den späten Abendstunden und am frühen Morgen. Dank ihrer großen Anpassungsfähigkeit sind sie darüber hinaus auch in der Lage, sich unglaublich rasch den Aktivitätszeiten bzw. Handlungsmustern ihrer Betreuer anzugleichen. Mit der Folge, daß die kleinen „Intelligenzbestien" – wie von Geisterhand getrieben – just in den Momenten am Käfiggitter erscheinen, in denen unser Weg daran vorbeiführt. Prompt und unmißverständlich fordern sie dann ihren gewohnten Leckerbissen und eine Schmuse- oder Toberunde ein. Dementsprechend kann man seine Rasselbande auch ganz einfach mit festen Spiel- und Fütterungszeiten an sich binden.

Die Möglichkeit, sich den unterschiedlichsten Aktivitätsrhythmen ihrer Menschen schnell anzugleichen, hat ihren Ursprung vor allem darin, daß Ratten ganz allgemein ein mehrphasisches Aktivitätsmuster an den Tag legen können. Bietet man Laborratten z. B. Futter zur freien Verfügung an, dann werden die Tiere ungefähr alle zweieinhalb Stunden aktiv und fressen etwas davon, in der Dämmerung übrigens jeweils rund doppelt so viel wie bei Licht.

Gemeinsam geht es „auf zu neuen Taten".

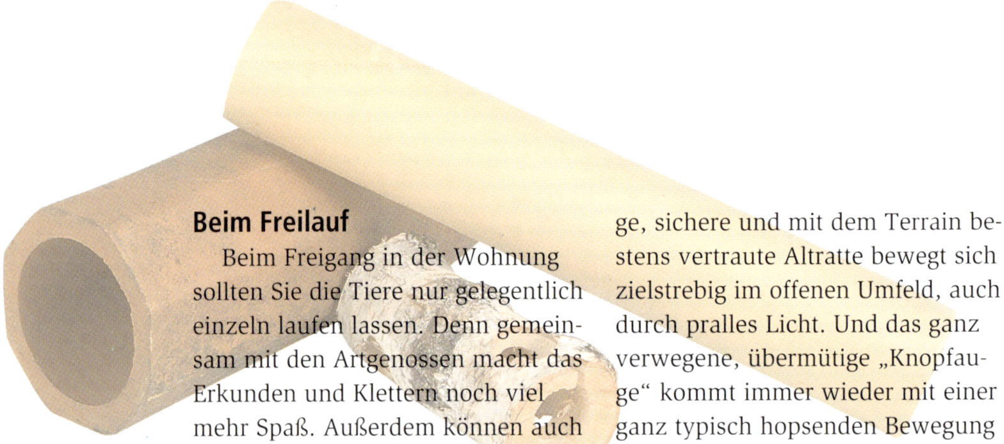

Beim Freilauf

Beim Freigang in der Wohnung sollten Sie die Tiere nur gelegentlich einzeln laufen lassen. Denn gemeinsam mit den Artgenossen macht das Erkunden und Klettern noch viel mehr Spaß. Außerdem können auch Sie selbst dabei eine Vielzahl innerartlicher Verhaltensweisen Ihrer Tiere beobachten und zu interpretieren versuchen (siehe ab S. 100).

Führen Sie doch einmal Buch darüber, indem Sie einige Wochen lang verschiedenste Beobachtungen notieren und zuordnen. Sie werden sehr schnell feststellen, wie außerordentlich differenziert die Ausdrucksmöglichkeiten Ihrer pelzigen Zwerge sind und wie intensiv deren Kommunikation abläuft. Das beginnt schon damit, wie verschiedenartig jedes Einzeltier sich auf dem Freilaufgelände fortbewegt. Die zurückhaltende Ratte kommt erst spät zum Vorschein, bewegt sich zögernd und vorsichtig mit langgestrecktem Körper, etwas auf den Boden gepreßt. Das unternehmungslustige Jungtier huscht flink von einer Deckung zur nächsten. Die ruhige, sichere und mit dem Terrain bestens vertraute Altratte bewegt sich zielstrebig im offenen Umfeld, auch durch pralles Licht. Und das ganz verwegene, übermütige „Knopfauge" kommt immer wieder mit einer ganz typisch hopsenden Bewegung auf Sie zugehüpft und fordert zudringlich zum gemeinsamen Spielen auf. Diese Art der Fortbewegung ist übrigens auch den Wanderratten eigen, und sie hat ihre anatomische Ursache in der sogenannten Kyphose, einer für diese Rattenart charakteristischen Wirbelsäulenkrümmung.

Häufig zeigen sich bestimmte Charaktermerkmale, die soziale Stellung der Einzeltiere oder deren „Sozialkompetenz" auf dem Freilaufgelände wesentlich deutlicher

oder treten dort überhaupt erst zutage. Hebt ein kleiner „Störenfried“ sich dabei besonders hervor, z. B. indem er seine Artgenossen immer wieder zu Rangeleien herausfordert, dann haben Sie in Zukunft eben ein Auge auf ihn. Denn Ratten sind Gewohnheitstiere, und sie lernen viel durch Nachahmung. Haben Sie ein Tier in der Gruppe, das z. B. eine Toilettenschale benutzt, dann können Sie darauf hoffen, daß die anderen Gruppenmitglieder – vor allem die jüngeren unter ihnen – es diesem Vorbild gleichtun.

Genauso kann es aber auch vorkommen, daß Sie eine besonders tollkühne, dreiste und vorwitzige Ratte Ihr eigen nennen, die ständig nur Unfug im Sinn hat. Dann gilt es sie möglichst häufig von ihrem Tun abzuhalten, damit ihr die anderen Rudelgenossen nicht nacheifern.

Hier können Heimtierratten Beweglichkeit und Koordinationsvermögen trainieren. Doch wie immer gilt: Nichts übertreiben!

Exklusive Beschäftigung für rattige Mitbewohner

Der lange Schwanz wird vielfältig eingesetzt: Beim Sitzen dient er als Stütze ...

Jungtiere sind noch viel verspielter und wesentlich bewegungsfreudiger als erwachsene oder alte Ratten. Gerade sie haben zusätzliche Beschäftigungsmöglichkeiten außerhalb ihres Käfigs besonders nötig.

Ratten-Fitness

Wie wäre es zum Beispiel mit einem zwischen zwei Sesseln o. ä. gespannten dicken Seil oder einem schmalen Holzsteg, an dem Ihre Tiere entlanghangeln bzw. über den sie balancieren können. Auch eine eigens für die Ratten aufgestellte – widerstandsfähige und ungiftige – Grünpflanze wird von den Tieren gern angenommen und flink bis zum obersten Ast erklommen. Wenn Sie dieses „Kletter-Hangel-Gewächs" in einem großen, kippsicheren Pflanzkübel mit viel Blumenerde plazieren, dann geraten Ihre kleinen „Buddel-Freaks" mit Sicherheit in Verzückung. Es empfiehlt sich dann allerdings, einen unempfindlichen und abwaschbaren Bodenbelag darunter zu legen.

Buddel-Freuden

Damit Ihre Kleinen auch an anderer Stelle nach Herzenslust graben können, denken Sie daran, eine stabile Wühl- und Scharrkiste mit Papierschredder, ungedüngter (feuchter) Erde oder grobem Vogelsand bereitzustellen. In einer solchen Buddelwanne lassen sich kinderleicht Nüsse, Sonnenblumen- oder Kürbiskerne „vergraben" oder sogar Samen zum Keimen anpflanzen, die Ihre fleißigen Wühler dann entdecken bzw. „ernten" dürfen. Eine dickwandige Röhre tief im

TIP

Gerade feuchte Erde sollten Sie unbedingt regelmäßig erneuern, damit sich darin keine Schimmelpilzbrutstätte entwickeln kann.

„Erdreich“ versteckt, und Ihre Ratten haben dort sogar ein Rückzugsplätzchen, um eine Verschnaufpause einzulegen.

Auf Futtersuche

Leckere Futterbröckchen können Sie Ihren Ratten an den unterschiedlichsten Orten verstecken und die Tiere danach suchen lassen. Etwas erhöht aufgehängt oder an schwer zugänglichen Stellen eingeklemmt, betreiben Ihre Kleinen beim Futter-Erhaschen sogar noch Fitness-Training. Und als echte „Nasentiere“ haben sie sicher bald den Dreh heraus, wenn es heißt, verlockend duftende Leckerchen unter einer leichten Pappschachtel oder einem umgestülpten Blumentopf – mit genügend großen Öffnungen – hervorzuholen.

Im Wäsche-Kobel

Alte, ausrangierte Textilien, die Sie weder „vererben“ noch der Altkleidersammlung zukommen lassen können, gibt es sicherlich auch bei Ihnen zu Hause. Also, wieso nicht einen großen „Untertauch-Berg“ daraus zaubern? Ihre Ratten

... beim Klettern als Balancierstange, zum Festhalten oder als Steighilfe.

finden einen solchen kuscheligen Kobel mit Sicherheit so faszinierend, daß sie darin auch gerne übernachten würden.

Labyrinth

Haben Sie nicht auch schon daran gedacht, Ihren rattigen Hausgenossen ein Labyrinth zu bauen, aus vielen ineinander verschachtelten und z. T. blind endenden Gängen, wie z. B. dickwandigen Röhren? In Untersuchungen an Laborratten, mit den unterschiedlichsten verhaltensbiologischen und lerntheoretischen Fragestellungen, hat man sich jahrzehntelang solcher „Irrgärten" bedient. Da Ratten aufgrund ihrer natürlichen Lebensweise mit engen Gangsystemen bestens vertraut sind, zeigen sie gerade innerhalb solcher Versuchsaufbauten eine hohe Lern- und Erkundungsbereitschaft. Eine kleine Schüssel mit Belohnungshäppchen am Ziel aufgestellt, und auch Ihre Tiere werden zu Höchstleistungen angespornt. Trotzdem: Zwingen dürfen Sie Ihre Nager natürlich niemals zu bestimmten Leistungen oder Verhaltensweisen. Spaß soll es machen, den Ratten und Ihnen!

Ratten unter sich: Hier kann man ein geruhsames Päuschen einlegen.

11mal Spiel und Spaß für Ihre Ratten

1 Kletterfitness

Als begeisterte Kletterakrobaten lieben Ratten Kraxeltouren über Leitern, Strickleitern, Seile und Stege. Solches Fitness-Utensil findet in jedem Zimmer Platz.

2 Nasenarbeit

Leckereien lassen sich an den unterschiedlichsten Orten verstecken. Auch in einen weichen Ast können Sie z. B. Kürbiskerne hineindrücken. Machen Sie es den Tieren nicht gleich zu schwer, damit sie gern bei der Sache bleiben.

3 Futtergymnastik

Frei pendelnd aufgehängte Nagerstangen oder z. B. selbstpräparierte Fichtenzapfen eignen sich bestens, Ratten zum Recken und Strecken zu motivieren. Auch auf einer Schnur aufgefädelte Leckerchen „mit Loch" regen zum „Luftangeln" an.

4 Schaukelspaß

Mehrere Kokosnußschalen-Hälften oder dickwandige, ungefähr 20 cm lange Pappröhren werden nicht zu dicht nebeneinander und in etwas unterschiedlicher Höhe frei schwingend aufgehängt, so daß die Ratten von Schaukel zu Schaukel überwechseln können. Bitte Matratze unterlegen!

5 Buddelfreude

Eine Kiste mit Sand oder Erde (evtl. mit kleinen Leckereien darin versteckt) regt zum Graben an, Schredderpapier und alte Textilien zum Gängeformen. Eine gute Möglichkeit, Ratten artgerecht zu beschäftigen.

6 Röhrenforscher

Aus stabilen Pappröhren lassen sich umfangreiche Gangsysteme zusammenstellen, die Ratten gern und ausdauernd durchstöbern.

7 Pathfinder

In einem „Hoch-Labyrinth" (z. B. aus kräftigen, oben geöffneten, nicht zu schmalen Pappschachteln), das auf einem stabilen Gerüst aufgebaut ist, oder in einem „Tief-Labyrinth" (z. B. aus ineinander verschachtelten, oben geschlossenen Kartons), können Ratten ihre Orientierungsfähigkeit tüchtig trainieren.

8 Knabberfun

An Ästen und Zweigen ungespritzter Obst- oder ungiftiger Laubbäume können Ratten ihre Zähne kräftig abnutzen, ebenso an fest zusammengeknüllten Riesenpapierkugeln oder leckeren Keimlingen.

9 Kugelkullern

Holzkugeln (ø ca. 2 cm) sind bestens geeignet, Ratten rasante Beschäftigungsspiele zu bieten. Solche Kugeln sind mit den Zähnen nur schwer zu fassen, „flutschen" weg und laden zum Hinterhertoben ein.

10 Lastenträger

Große, dickschalige, nicht sofort zu verzehrende Nüsse (z. B. Waloder Pekanüsse) werden mit Ausdauer herumgetragen und gesammelt.

11 Angelgeschick

Eine flache Wanne wird ca. 3 cm hoch mit Wasser gefüllt und mit einigen dünnen Karottenscheiben bestückt. Wer angelt vom Rand, wer stapft ins Wasser und versorgt sich vor Ort?

Was können Deine Ratten lernen?

Wenn dich jemand freundlich beim Namen ruft, wirst du aufmerksam und schaust dich nach dem Rufenden um, oder? Nicht anders machen das deine Ratten. Freilich kennen sie ihren Namen nicht. Trotzdem werden sie bestimmt jedesmal besonders hellhörig, wenn ein ganz spezielles, interessantes Geräusch ertönt, z. B. ein Zungenschnalzen, Glöckchenläuten, ein charakteristischer Pfiff oder z. B. zwei im Wechsel gespielte Flötentöne. Probier's doch einfach einmal aus und erzeuge ein solches Geräusch, und zwar immer unmittelbar bevor du Futter an deine Tiere austeilst. Du wirst sehen, deine Ratten haben blitzschnell verstanden, daß dieses Geräusch einen Leckerbissen für sie verspricht, und sie werden daraufhin jedesmal rasch zu dir eilen. Signallernen nennt man diesen Vorgang in der Fachsprache. Sind deine Ratten an diese „Unterhaltung" mit dir gewöhnt, hast du ein prima Mittel, sie nach dem Freilauf wieder „zusammenzutrommeln", um sie in den Käfig zurückzuverfrachten.

Sammler-Naturen

Als begeisterte Vorratshalter sind Ratten auch mit Feuereifer dabei, wenn es gilt, Dinge von einem Versteck in ein anderes zu schaffen. Ein Korb voll Walnüsse ist bald geleert und die Ausbeute an einem dunklen Sammelplatz sorgsam wieder zusammengetragen. Wie wär's? Machen Sie Ihren Kleinen doch einmal die Freude. Auch Sie selbst werden Ihren Spaß daran haben und sich darüber amüsieren, wie Ihre „Rüsselnasen" voller Arbeitseifer eine Nuß nach der anderen geschickt mit den Nagezähnen greifen und – mit der ihnen eigenen hopsenden Fortbewegungsweise – eilig abtransportieren, so lange, bis der Vorrat an Sammelgut erschöpft ist.

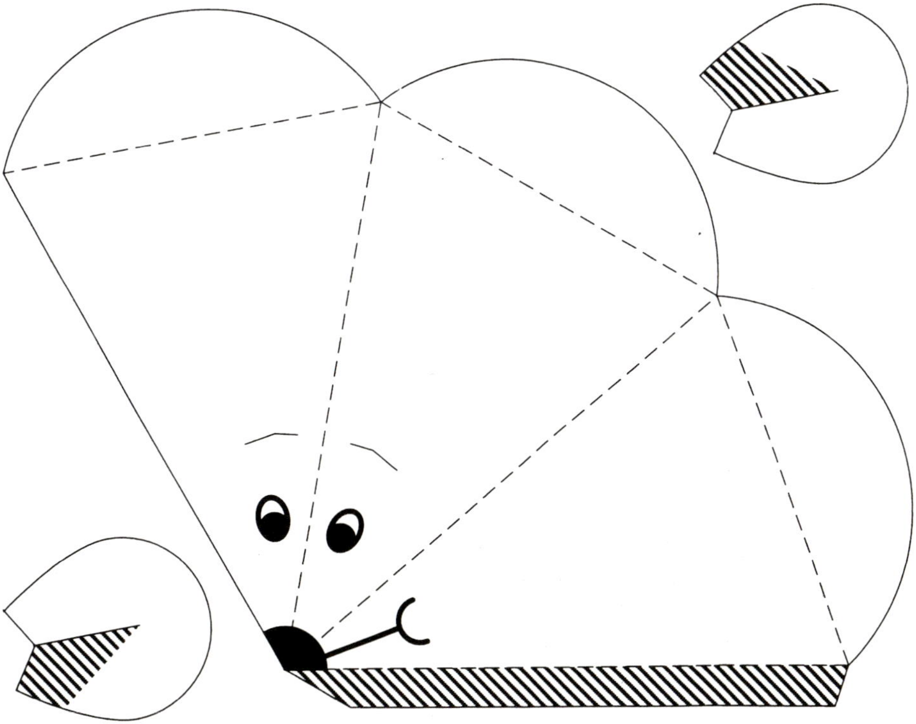

Hi Kids! Bastelt doch einmal eine Ratte aus Papier. Nehmt einen Karton, und schneidet ihn aus wie auf der Abbildung. Faltet die gestrichelten Stellen um, und steckt alles zusammen.

Akrobaten

Ratten sind kräftig genug, um relativ hoch und weit zu springen. Basteln Sie ihnen doch eine Art Trampolin, von dem aus sie auf einen sicheren Landeplatz hinauf- bzw. hinüberspringen dürfen. Als weiche Lande-Utensilien bieten sich eine geräumige Couch ebenso an wie eine ausgediente Matratze.

Manche Ratten entwickeln auch ungeheure Geschicklichkeit, wenn es darum geht, „um die Wette“ mit einem Artgenossen eine Gardine zu erklimmen. Einige von ihnen scheitern dann aber am „Rückweg“. Gerade bei solchen Abenteuer-Beschäftigungsarten sollten Sie Ihre Tiere deshalb sorgfältigst beaufsichtigen und sie niemals zu derartigen akrobatischen Übungen zwingen. Nur was gefällt, macht auf Dauer Spaß.

Die Zirkus-Nummer

Etwas für ganz fleißige und beharrliche Zwei- wie Vierbeiner ist eine „Zirkus-Nummer“. Heimtierratten meistern verständlicherweise keinen Hunde-Agility-Parcours oder den Sprung durch einen brennen-

Solch ein „präparierter" Fichtenzapfen ist ein Festschmaus für die Ratzen.

den Reifen. Aber sie sind mit viel Ausdauer durchaus in der Lage, einen kleinen „Ratten-Geräte-Parcours" – bestehend aus einem Holzsteg, einer Strickleiter und einer Röhre – nacheinander zu durchlaufen. Schnuppernder Weise, versteht sich. Denn zahlreiche winzige Lekkerchen müssen natürlich auf der Strecke bereitliegen. Die Käsebröckchen o. ä. dürfen dabei aber wirklich nur klitzeklein sein, sonst sind die Ratten mehr mit fressen beschäftigt als mit weiterkommen. Bald sind sie dann so vollgefressen, daß sie die Lust am gemeinsamen Erlebnis-Spiel verlieren. Darüber hinaus sollte ein solcher Parcours ziemlich hoch – und absturzsicher! – angeordnet sein, damit die pfiffigen Ratten nicht einfach zwischendurch abspringen.

Spaß für alle

Wie eingangs erwähnt, sind Ratten echte Individualisten. Jedes Tier hat seine besonderen Vorlieben und Abneigungen, Ticks und Liebenswürdigkeiten. Und so möchte auch jedes Tier seinen speziellen Bedürfnissen und Neigungen entsprechend versorgt und beschäftigt werden. Freuen Sie sich darüber, wenn Ihre Nagergruppe begeistert auf Ihre neuen Spielideen eingeht, aber seien Sie nicht traurig, sollte einmal ein Ratz darunter sein, der einfach alles ignoriert. Versuchen Sie ihn dann sanft und ohne Übertreibungen zu fördern. Können Sie das Tier trotzdem nicht „überzeugen", dann akzeptieren Sie es eben so, wie es ist.

Musik zur Entspannung

Übrigens: Auch Ratten lieben Wohlklänge. Es soll Tiere geben, die speziell von klassischer Musik sehr angetan sind. Wieso nicht auch dies nutzen, vielleicht in Zusammenhang mit TTouch oder Knuddeln und sozialer Interaktion nach Rattenart?

Anders als ihre wildlebenden Verwandten, die Wanderratten, entwickeln Heimtierratten nur selten Scheu vor uns Menschen. Pflegen wir sie artgerecht und in kleinen Gruppen, dann leben sie völlig ungezwungen die gesamte Palette ihres Sozial-, Fortpflanzungs-, Freß- und Putzverhaltens vor uns aus. Nutzen Sie dies doch einfach, und beobachten Sie Ihre kleinen Lieblinge häufig dabei.

VERHALTEN VERSTEHEN

Heimtierratten und ihr Verhalten

Heimtierratten zeigen ein ausgesprochen vielfältiges Verhaltensrepertoire. Das Studium sozialer Interaktionen der Gruppenmitglieder ist dabei besonders spannend.

Begrüßungsgesten

Bei gemeinsam in einem großen Käfig lebenden Heimtierratten kann man, ebenso wie während des Freilaufs, immer wieder Begrüßungsrituale beobachten. Dabei beschnuppern die Tiere sich zunächst in der Schnauzenregion und im Bereich der Ohren, belecken sich kurz gegenseitig und/oder stupsen sich mit den Näschen an. Brünstige Weibchen machen die männlichen Tiere außerdem durch Antippen an der Flanke auf sich aufmerksam.

Sind die Tiere sich gut bekannt, verläuft das Begrüßungsritual nur kurz. Bei einander weniger gut bekannten oder fremden Ratten, die man beispielsweise erst miteinander vergesellschaften möchte, dauert die Begrüßung länger und verläuft wesentlich intensiver. Dann wird zusätzlich z. B. auch das Fell und die Afterregion des Gegenübers gründlich beschnüffelt (sogenannte Anogenitalkontrolle).

Duftsignale und Erkennung

Wie bereits erwähnt, orientieren sich Ratten vorwiegend mit dem Geruchssinn, so z. B. anhand von Duftstraßen, die sie mittels Drüsensekreten, Harn und Kot in ihrem Revier anlegen. Auch Duftinformationen,

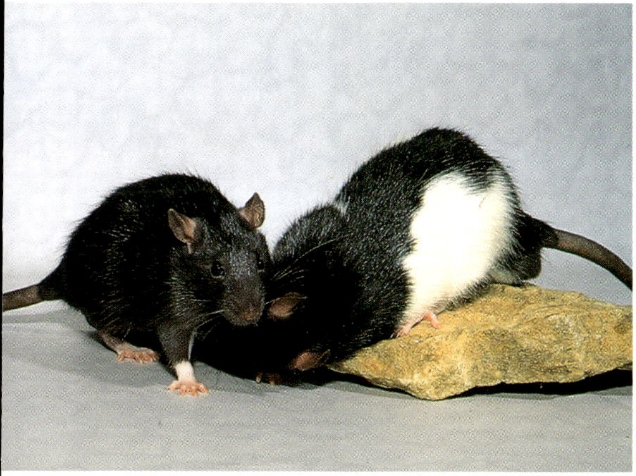

Zum Kennenlernen: Fell beschnuppern ...

... und Anogenitalkontrolle.

die von ihren Artgenossen ausgehen, geben Ratten eindeutige Informationen über deren Alter, sozialen Status, Gesundheitszustand, etwaige Paarungsbereitschaft und vor allen Dingen darüber, ob diese Individuen dem eigenen Rudel angehören. Tun sie dies nicht, werden sie vertrieben oder bekämpft.

Gruppenduft

Jedes einzelne Tier im Rattenverband besitzt einen spezifischen, unverwechselbaren Eigengeruch, anhand dessen es von den anderen Gruppenmitgliedern nicht nur als gruppenzugehörig, sondern auch individuell erkannt wird. Diese persönliche Duftnote kann durch gegenseitiges Markieren mit Harnspritzern oder durch wechselseitiges Über- und Unterkriechen innerhalb der Gruppe weiterverbreitet werden. Jedes Einzeltier bekommt dabei zahlreiche Duftmoleküle der jeweils anderen Sippenmitglieder übertragen. So entsteht – durch ganz gezielte Verhaltensmuster – ein spezifisches Duftgemisch, der sogenannte Gruppenduft. Jedem Mitglied der Sippe, das regelmäßigen Kontakt zu den anderen Rudelmitgliedern pflegt, haftet er an.

Töne, die wir nicht hören

Haben die Tiere sich im Verlauf der Begrüßungszeremonien über Gruppenzugehörigkeit und Identität des jeweils anderen ein geruchliches Bild verschafft und einander

Ratten unter sich

Gemeinsam auf Erkundungstour gehen, zusammen kuscheln und noch viel mehr ...

1 Dieses Weibchen entzieht sich. Es ist noch nicht paarungsbereit.

2 Kastrierte Ratten-Böcke dürfen erst ungefähr vier Wochen nach der Operation mit Weibchen zusammen gehalten werden. Erst dann „kann nichts mehr passieren".

3 Anhand von optischen Eindrücken, Duftsignalen und Lautäußerungen können Ratten erkennen, ob ein Artgenosse dominant oder eher unterwürfig ist.

dabei als vertraut erkannt, gehen sie entweder wieder ihrer Wege, unternehmen etwas gemeinsam oder kuscheln sich eng zusammen. Was sie sich dabei akustisch im Ultraschallbereich zu erzählen haben, bleibt unseren Ohren leider verborgen.

Körperkontakt

Ratten rücken nicht nur dicht zusammen, um sich wechselseitig zu wärmen. Der enge und dauerhafte Körperkontakt hat wohl auch beruhigende, harmonisierende Funktion im Rudel. Denn Ratten ruhen und

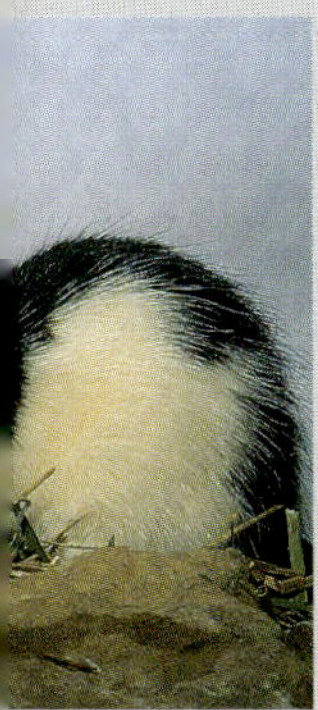

4

Das ranghohe Tier beansprucht den Leckerbissen für sich. Erst wenn es genug abgeknabbert hat, darf die rangniedere Ratte davon fressen.

5

Mit Begrüßungszeremonien, freundlicher Kontaktaufnahme und mit ausgiebiger gegenseitiger Fellpflege wird die Harmonie innerhalb einer Rattengruppe gesichert.

schlafen besonders gern „dicht übereinandergestapelt". Ja, sie scheinen die Nähe und die Berührung durch die anderen Gruppenmitglieder regelrecht zu suchen. Nicht selten kann man Heimtierratten dabei beobachten, wie sie ihr Gegenüber zum freundschaftlichen Fellbeknabbern (Grooming) geradezu auffordern. Diese gegenseitige Haut- und Fellpflege ist sicher eine freundliche Interaktion mit dem Ziel, Konflikte zu vermeiden und den Gruppenzusammenhalt zu stär-

Ratten sind nur dann in der Lage, angepaßtes Sozialverhalten zu zeigen ...

ken. Außerdem können bei diesen Körperpflegehandlungen Dominanzverhältnisse im Rudel gesichert und bestätigt werden. Möglicherweise animieren rangniedere Mitglieder höher stehende Artgenossen durch die gezielten Aufforderungen zum Putzen, sich überhaupt mit ihnen zu beschäftigen. Die Ranghöheren ihrerseits erfahren dabei Anerkennung ihrer Positionen. Gerade bei solchen Gelegenheiten können dominante Ratten sich nämlich einiges herausnehmen: Sie dürfen rangniedere Tiere offensichtlich, solange und wann immer es ihnen beliebt, putzen. In der Hierarchie tiefer stehenden Gruppenmitgliedern scheint das Groomen ranghöherer Ratten dagegen nur dann erlaubt zu sein, wenn diese es auch zulassen.

Einschüchterungsmethoden

Wird während einer Kontaktaufnahme das Gegenüber als gruppenfremd (bzw. rangnieder) identifiziert, hat dies wiederum ganz bestimmte Verhaltensäußerungen zur Folge. Um Beschädigungskämpfe zu vermeiden, versuchen „Kontrahenten“ zunächst, sich gegenseitig zu beeindrucken, durch heftiges Fellsträuben etwa oder durch steifes, hochbeiniges Einherschreiten, Schnauben, Fauchen, Zähnewetzen und seitliches Abdrängen. Ist damit nicht genügend „Eindruck zu schinden“, folgt die nächste Stufe der Einschüchterung: das Boxen, ein gegenseitiges Pfotenschlagen und „Aufeinander-zu-Springen“, während die beiden Gegner sich auf die Hinterbeine aufgerichtet haben.

Aufschlußreiche Körpersprache

- Gegenseitiges Beschnuppern an der Schnauze und am After zur Persönlichkeits- und Gruppenidentifikation.
- Wittern zum Erkennen von Duftinformationen der Luft.
- Hektisches Gesichtchen-Wischen als Übersprungshandlung in Konfliktsituationen und Ausdruck von Unsicherheit.
- Gegenseitiges Pfotenschlagen als Einschüchterungs- und Abwehrverhalten.
- Seiten- oder Rückenlage (= Demutsstellung) zur Unterwerfung.
- Anstupsen, Köpfchenunterschieben und ausgiebiges Beschnüffeln der Genitalien, z. B. als Werbungsverhalten.

Unterwerfungsgesten

Solche Boxkämpfe dauern speziell bei Tieren, die sich bereits kennen oder in einem Käfig zusammenleben, nicht lange an. Sie enden damit, daß eines der Tiere sich zurückzieht (genügend Rückzugswinkel im Käfig vorausgesetzt!) oder seine Unterlegenheit signalisiert, indem es die Demutsstellung einnimmt. Je nach Erregungszustand dreht es sich mit zurückgezogenen Ohren leicht zur Seite oder geht in Seiten- bzw. Rückenlage. Dabei liegt es, vom Kontrahenten mit den Vorderpfoten niedergehalten, die Extremitäten von sich gestreckt, regungslos da, langsam und unrhythmisch atmend, die Augen geschlossen. Sekundenlang kann es dauern, bis der Überlegene von seinem „Opfer" abläßt und von dannen zieht. Meist beginnt der „Sieger" dann, sich zu putzen, das Käfiginventar zu beschnuppern usw.

Das unterlegene Tier verharrt noch eine Weile in der Unter-

... wenn sie während ihrer Prägungsphase (ca. 20. bis 55. Lebenstag) mit Artgenossen vergesellschaftet waren und spielerisch Erfahrungen sammeln konnten.

werfungsposition. Dann richtet es sich wieder auf und fängt an, sich in einer Käfigecke zu putzen.

Das ist es, was wir Menschen mit unserem Sinnessystem in solchen Situationen beobachten können. Den unterlegenen Ratten hilft aber noch etwas anderes dabei, bei derartigen Auseinandersetzungen „ungeschoren" davonzukommen. Sie stoßen nämlich, sobald sie sich in die Unterwürfigkeitsposition begeben, ganz charakteristische Ultraschall-Laute von exakt 22 kHz aus, mit denen sie ihre Unterlegenheit kundtun und den Gegner beschwichtigen. Wie extrem wichtig

TIP

Besonders Ratten-Böcke setzen gelegentlich auf erhöhten Flächen im Käfig gezielt Harn ab. Das können Sie nutzen, indem Sie diese Flüssigkeit mit Küchenkrepp abtupfen und anschließend gleichmäßig auf dem Haarkleid des Männchens, das Sie dem Rudel zugesellen möchten, verreiben. Der vertraute Geruch läßt die Alteingesessenen meist weniger ablehnend auf den „Fremdling" reagieren.

Schrittweise Vergesellschaftung sich fremder erwachsener Ratten

1. Käfige beider Tiere ca. eine Woche lang nebeneinander stellen.

2. Tiere für mehrere Stunden in den jeweils anderen Käfig setzen; mehrmals wiederholen.

3. Tiere für etwa eine Stunde auf neutralem Freilaufgelände zusammenführen und Verhalten sorgfältig überwachen; mehrfach wiederholen.

4. In einem gründlich gesäuberten – am besten beiden Tieren unbekannten – Käfig zusammenbringen und mehrere Tage bzw. Wochen lang aufmerksam beobachten.

Gelenkig sein ist alles.

diese Lautäußerung in solchen Situationen ist, zeigen Versuche an Ratten, die durch operative Eingriffe daran gehindert wurden, derartige Laute von sich zu geben: Sie mußten endlos lange in der für sie außerordentlich streßbetonten Haltung verharren, bis ihr jeweiliges Gegenüber endlich von ihnen abließ.

Verhaltensweisen, die bei Heimtierratten gelegentlich auftreten

Die Tiere ...

- fressen eigene Kotbröckchen;

Zweck: Versorgung mit Vitaminen und Enzymen zur besseren Verdauung des Rohfaseranteils ihrer Nahrung;

- decken Futterreste im Napf sorgfältig mit Stroh, Papierschredder, Textilien u. ä. ab;
  Zweck: Tarnung;
- reiten bei gleichgeschlechtlichen Käfiggenossen auf;
  Zweck: Dominanzdemonstration;
- benutzen bereitgestellte Toilettenplätze und scharren Kot mit Vorwärtsbewegung der Vorderpfötchen zu;
  Zweck: Reinhaltung des „Baues“;
- legen sich flach ausgestreckt auf ebenen Untergrund;
  Zweck: Wärmeabgabe über die Körperoberfläche.

„Demutsschrei"

Wahrscheinlich handelt es sich bei diesem Laut um den sogenannten Demutsschrei, den junge Ratten im Laufe ihrer Entwicklung und durch den Umgang mit Artgenossen erst erlernen müssen. Tiere, denen während der ersten Lebenswochen nach der Entwöhnung von ihrer Mutter keinerlei soziale Interaktionen möglich sind, beherrschen diese aggressionshemmende Lautäußerung offensichtlich nicht und werden deswegen später vermehrt angegriffen. Auch ohne vorangegangene Kampfhandlun-

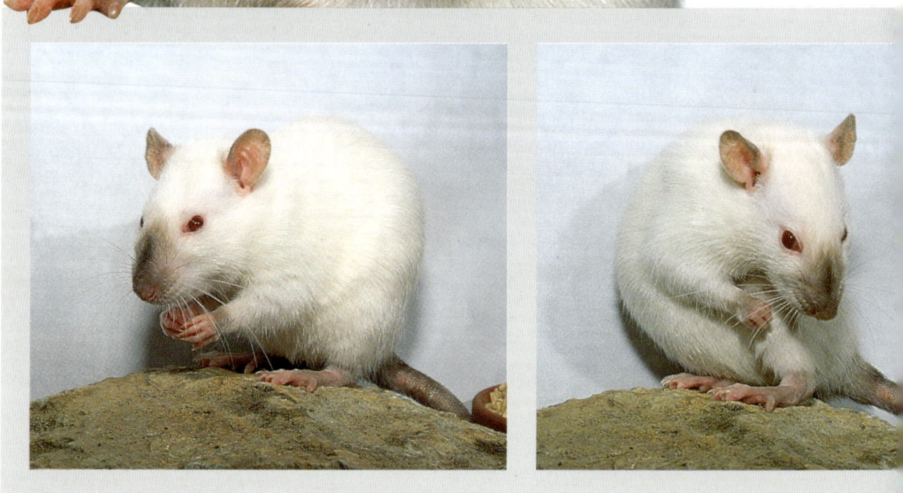

gen wird von rangniederen Tieren im Laufe eines Tages immer wieder einmal speziell dieser Ultraschall-Laut ausgestoßen. Man vermutet, daß auch dies – ähnlich wie das gegenseitige Groomen – zur Stabilisierung der Rangordnung im Rattenrudel dient.

Rangeleien

Kleinere Rangeleien sind kein Grund zur Besorgnis. Selbst in eingespielten Rattengruppen kommt es manchmal zu kurzen Boxkämpfen, Fellsträuben oder lautstarken Fauch- und Quiekkonzerten. Nicht selten ist dabei ein deutliches „Zähnewetzen“ zu vernehmen. Dieses ist übrigens nicht immer ein Anzeichen für aggressives Verhalten; es wird neben Schnuppern, Wittern usw. auch zur Orientierung eingesetzt. Gegenseitiges Aufreiten unter gleichgeschlechtlichen Käfiggenossen ist ebenfalls gelegentlich zu beobachten. Meist versuchen aber innerhalb festgefügter Gruppen sogar die gleich starken Tiere Zwistigkeiten aus dem Wege zu gehen und zeigen eher typisches Konfliktvermeidungsverhalten, indem sie in „brenzligen Situationen“ unter- oder übereinanderkriechen und dabei gemeinsam den oben beschriebenen 22-kHz-Ton aussenden.

Kommt jedoch ein neues, noch dazu bereits geschlechtsreifes Mitglied in die Gruppe, können „Auf-

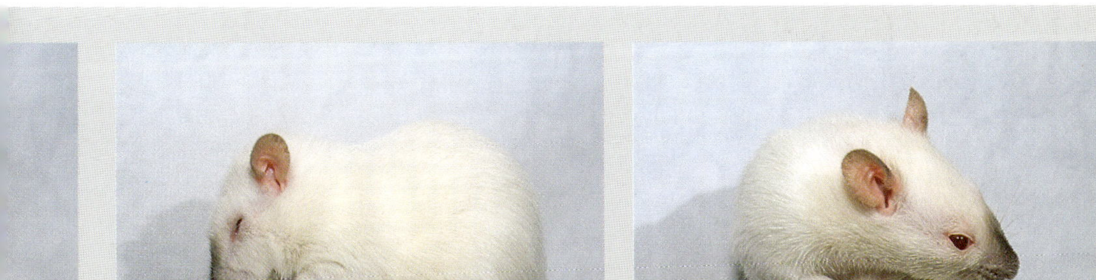

dringlichkeiten“ und Auseinandersetzungen häufiger auftreten und sehr viel heftiger verlaufen. Sie hören erst dann auf, wenn der Neuzugang akzeptiert und wieder eine stabile Gruppenstruktur etabliert ist. Gelegentlich funktioniert dies aber leider selbst nach behutsamsten Gewöhnungsmaßnahmen nicht. Dann bleibt Ihnen nichts anderes übrig, als einen weiteren Käfig aufzustellen.

Vergesellschaftung

Sich unbekannte Ratten – insbesondere männliche Tiere – sollten niemals in einem Käfig zusammengebracht werden, bevor sie nicht ausreichend Gelegenheit hatten, sich kennenzulernen. Wenn Sie Tiere vergesellschaften möchten, dann lassen Sie sie zunächst auf neutralem Terrain – und erst im Anschluß an die im Kasten auf Seite 106 aufgeführten Maßnahmen – miteinander frei laufen. Erst wenn sie sich dort gut vertragen, dürfen sie in einen gemeinsamen Käfig einziehen. Um Probleme erkennen und gegebenenfalls rechtzeitig eingreifen zu können, müssen frisch vergesellschaftete Tiere mehrere Tage, bessser noch Wochen, lang sorgfältigst überwacht werden.

Der Umgang macht´s

Bei falscher Haltung kann es vorkommen, daß Ratten dem Men-

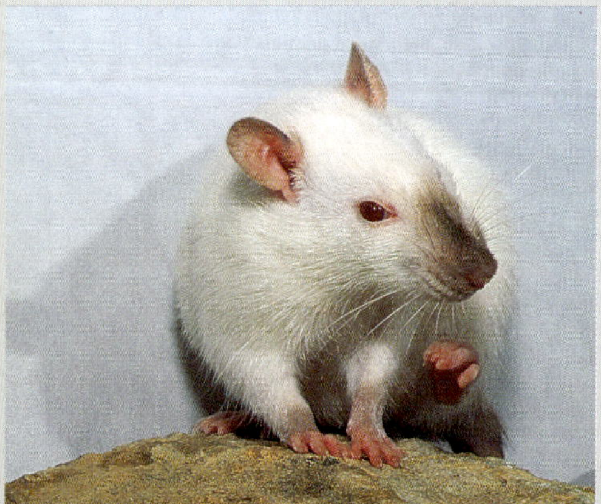

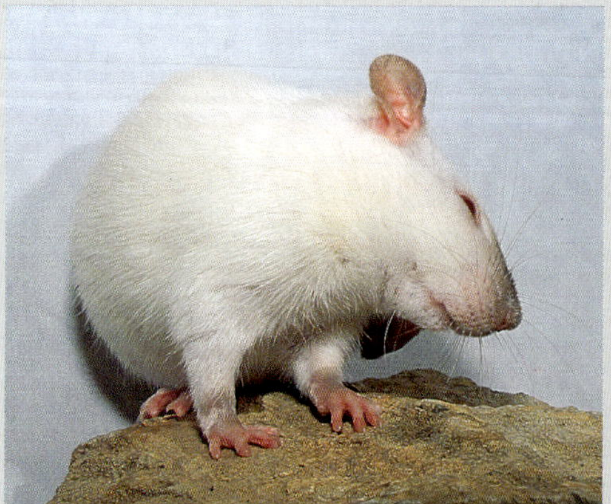

schen gegenüber ängstlich reagieren und dann sogar einmal zubeißen. Solche Haltungsfehler sind z. B. falsches oder zu festes Greifen beim Hochheben (etwa am Schwanz), zu wenige enge Kontakte zum menschlichen Pfleger (insbesondere während der Jugendentwicklung), keine gemeinsamen Spielrunden, Unterforderung bzw. Überforderung durch falsche oder zu hohe Ansprüche an die Tiere sowie durch Fehlverhalten beim Füttern (Futter wird durch die Käfigstäbe hindurch gegeben) usw. Manchmal zeigen die Tiere ihre Unsicherheit auch durch Absetzen zahlreicher Kotbällchen oder durch ein hektisches Gesichtchenwischen (Übersprungsputzen).

Dieses ist jedoch sehr leicht vom eigentlichen und mehrmals am Tag durchgeführten „Ganzkörperputzen" oder den Reinigungsmaßnahmen nach dem Fressen zu unterscheiden. Denn es wird immer nur ansatzweise gezeigt und unvollendeter Dinge wieder abgebrochen.

Putzen ist angesagt

Ein gründliches, zielstrebiges Putzen läuft dagegen als vollständiges Bewegungsmuster ab. Es besteht aus einzelnen, meist in einer bestimmten Abfolge auftretenden, weitgehend angeborenen Handlungselementen. Da werden zunächst die Vorderpfoten sorgfältig geleckt; Vibrissen und Fell an Stirn,

Wangen und Ohren mit den Vorderpfötchen gegen den Strich in Richtung Schnauze gestrichen; anschließend wieder die Vorderpfoten geleckt. Jetzt sind Rücken und Bauch an der Reihe: Sie werden erst ausgiebig geleckt, dann mit den Nagezähnen durchgeknabbert. Die Hinterfüße werden geleckt und im Anschluß als Kratzbürste für die Flanken, den Nacken und die Ohrmuscheln benutzt. Nun werden die Genitalien gründlich saubergeleckt. Nachdem auch der Schwanz behandelt und das Fell nochmals sorgfältig mit den Nagezähnen durchgekämmt worden ist, sind abschließend nochmals Tasthaare und Mäulchen dran.

Übermut

Springen und hopsen Ihre „Schnüffelnasen" beim Freilauf immer wieder unvermittelt auf Sie zu und zwicken dabei gelegentlich in Ihre Zehen, dann darf dieses Verhalten freilich nicht mit aggressivem Beißen verwechselt werden. Freuen Sie sich statt dessen darüber. Ihren Tieren gefällt es einfach nur gut bei Ihnen. Werden die Ratzen dabei doch allzu lästig, dominieren Sie sie, indem Sie die Tiere für einen Augenblick sanft auf den Rücken – also in die Unterwerfungsposititon – drehen und sie für einen Augenblick so ausharren lassen. Unterstützend kann auch wirken, wenn Sie einen kleinen „Tunichtgut" bei solchen Gelegenheiten einmal auf Ihren Schoß nehmen und ihn dabei tüchtig durchkraulen, auch dann, wenn er lieber im Zimmer herumtollen möchte. Denn Sie wissen ja: Die „Oberratte" bestimmt Beginn und Dauer des Groomens.

Ratten lernen viel durch Nachahmung: auch das Benutzen einer Toilettenschale.

In der Rattenkinderstube

Das kannst du in der Rattenkinderstube beobachten:
Wenn die kleinen Rattenwelpen nach 21 bis 24 Tagen Tragzeit nackt, blind und taub geboren werden, wiegen sie zwischen vier und sechs Gramm. Als echte Nesthocker völlig hilflos, sind sie die nächsten zwei bis drei Wochen ganz auf die Fürsorge ihrer Mutter und anderer Weibchen des Rudels angewiesen. Rattenväter kümmern sich gewöhnlich nicht um ihren Nachwuchs.
Die Kleinen müssen nun alle paar Stunden gesäugt werden, anschließend ihre Bäuchlein mit der Zunge sanft massiert und so die Verdauung auf Trab gebracht werden. Auch ihre Ausscheidungen müssen sorgfältig abgeleckt und die Welpen warm gehalten werden.
Ja, Rattenmütter sind viel beschäftigt, und sie lassen sich auch einiges gefallen, solange ihre Kinder noch klein sind. Da darf der Mutter Futter aus dem Schnäuzchen stibitzt werden, ihr Schwanz gefangen und sie angerempelt werden. Sind die Rattenbabys dann aber rund fünf Wochen alt, werden sie entwöhnt. Ab jetzt müssen sie allein zurechtkommen.

Und das kannst du tun, um den kleinen Rättchen einen prima Start ins Leben zu ermöglichen:
Du solltest der Rattenmama während der Trächtigkeit und Stillzeit hochwertiges und eiweißreiches Futter geben. Auch den Rattenbabys kannst du – sobald sie auch an anderer Nahrung als der Muttermilch interessiert sind – täglich etwas Babybrei in einem flachen Schälchen anbieten.

Die Sache mit dem Nachwuchs

So faszinierend es auch sein mag, die Entstehung neuen Lebens mitzuverfolgen, so wichtig ist es auch, sich zuvor ernsthafte Gedanken darüber zu machen, was mit dem Nachwuchs geschehen soll. Nur wer für mindestens zwölf Babys geeignete Pflegeplätze gefunden

hat, an die er die Tiere mindestens in Zweiergruppen abgeben kann, und zudem noch gesunde, zutrauliche, nicht miteinander verwandte rattige Paarungspartner zur Verfügung hat, darf überhaupt an eine Verpaarung denken.

Fortpflanzung

Ratten sind sehr früh fortpflanzungsfähig. Zur Zucht sollten sie aber erst rund vier Monate nach Erreichen der Geschlechtsreife eingesetzt werden (siehe dazu Kasten auf Seite 38). Ratten-Böcke sind ihr ganzes Leben lang zeugungsfähig. Die Fruchtbarkeit von Rättinnen nimmt dagegen im Laufe der Monate erheblich ab. Die kräftigsten Würfe bringen sie bis zu ihrem elften Lebensmonat. Danach nehmen die Wurfgröße und die Vitalität der Welpen meist deutlich ab. Auch kommt es jetzt häufiger zu Fehlgeburten und Geburtsschwierigkeiten.

Rättinnen sind alle vier bis fünf Tage für wenige Stunden paarungsbereit. Ihr Eisprung erfolgt spontan und nicht – wie etwa bei Kaninchen – erst nach einer vorangegangenen Begattung. Der Brunstbeginn fällt meist in die Nachtstunden und kündigt sich in der Regel dadurch an, daß die Weibchen nun ausgesprochen aktiv und bewegungsfreudig werden. Interessanterweise sinkt trotz gesteigerter Aktivität die Körpertemperatur der Tiere dabei deutlich ab, ebenso ihr Verlangen, Futter aufzunehmen.

Nur gelegentlich synchronisieren Rättinnen, die in einer Gruppe zusammen gehalten werden, ihren Eisprung auf einen einheitlichen Termin. Meistens hat deshalb ein für kurze Zeit hinzugesetztes Männchen Gelegenheit, sich auf ein einzelnes – weil am ehesten paarungswilliges – Weibchen zu konzentrieren. Anhand von Duftinformationen wird es ausfindig gemacht und anschließend gründlich beschnuppert.

Paarungsverhalten

Ein paarungsbereites Weibchen bietet sich dem Ratten-Bock mit einem charakteristischen Werbungsverhalten an und löst so dessen Paarungshandlungen aus. Mit dem sogenannten Östruslauf, einer ruckartigen Hüpfbewegung, nähert es sich dem Männchen und richtet sich mit zuckenden Kopf-, Ohr- und Schwanzbewegungen in einem 90°- oder 180°-Winkel vor ihm aus, bevor es sich im Östruslauf wieder von ihm entfernt. Das Männchen nimmt daraufhin einen „Verfolgungslauf" auf, der so lange andauert, bis das Weibchen schließlich innehält, den Hinterleib in die Höhe reckt und den Schwanz zur Seite legt (sog. Lordosis). Jetzt reitet das Männchen auf. Während der nächsten ein bis zwei Stunden wird die Begattung unzählige Male wiederholt, wobei jedes Aufreiten nur ein bis zwei Sekunden dauert. Sind mehrere Männchen im Käfig, paaren auch sie sich mit dem Weibchen, denn Ratten gehen keine feste Paarbindung ein.

Während der Werbungs- und Begattungsphasen werden von beiden Geschlechtern spezielle hochfrequente „Paarungslaute" ausgestoßen (darunter der

Agouti-Heimtierratte am 19. Trächtigkeitstag

Nur wenige Wochen haben die kleinen Rattenbabys Zeit zum Heranwachsen. Deshalb ist Rattenmilch auch ausgesprochen fetthaltig und nahrhaft und bietet den Welpen damit allerbeste Voraussetzungen für eine außerordentlich rasche Entwicklung.

1

Typisch für nestjunge Ratten: Sie kuscheln dicht zusammen und wechseln sich beim „Obenliegen" ab. So bleiben alle warm.

2

Augen und Ohren sind bei diesen zehn Tage alten Rattenkindern noch verschlossen, doch ihre Näschen vibrieren schon heftig, um die Gerüche der neuen Umgebung einzufangen.

schon bekannte „22-kHz-Ton"), die zum einen die Paarungsbereitschaft des Weibchens erhöhen und zum anderen etwaige Aggressionen bei den anderen Männchen der Gemeinschaft hemmen sollen. Wenn die Paarungsbereitschaft des Weibchens nach einigen Stunden erlischt und die vorübergehende Ausprägung eines Scheidenpfropfes (über Drüsensekrete des Männchens) weitere Begattungen verhindern hilft, zieht es sich in seinen Unterschlupf zurück.

Trächtigkeit

Während der 21 bis 24 Tage dauernden Trächtigkeit nehmen Rattenweibchen immer mehr an Gewicht zu, ihre Zitzen vergrößern sich erheblich, außerdem zeigen die Tiere Nestbauverhalten. Jetzt benötigen sie viel Ruhe, beste Ernährung und genügend weiche Materialien (z. B. Küchenkrepp) für den Nestbau. Wenn die hochträchtigen, schwerfällig gewordenen Weibchen sich dann verstärkt an den Genitalien putzen und damit beginnen, sich

3

Schon die ganz Kleinen üben sich tüchtig im „Gesichtchen-Wischen" sowie anderen Körperpflegehandlungen. Solche Verhaltensweisen sind ihnen angeboren, müssen aber durch häufiges Training noch perfektioniert werden.

4

Die Körperbehaarung ist noch recht dünn, die Tasthaare dagegen haben bereits eine beachtliche Länge und Stärke erreicht.

sehr häufig um die Zitzen herum und am Unterbauch kräftig zu lekken, dann steht die Geburt der kleinen Rattenwelpen unmittelbar bevor.

Geburt und Entwicklung

Rattenwelpen kommen meist während der Nacht oder in den frühen Morgenstunden zur Welt. Nackt, taub und blind, sind sie jetzt ganz von der fürsorglichen Pflege ihrer Mutter abhängig. Auch andere Weibchen aus dem Rudel beteiligen sich manchmal an der Aufzucht, vor allem dann, wenn auch sie selbst gerade Junge zu versorgen haben.

Während ihrer ersten Lebenstage reagieren Rattenbabys nur auf Wärme-, Berührungs- und Duftreize. Erst später entwickeln sich auch ihre akustischen, optischen und Bewegungsleistungen. Obwohl sich die äußeren Ohren erst zwölf bis 14 Tage nach der Geburt öffnen, scheinen Rattenkinder bereits ab ihrem fünften Lebenstag (LT) Geräusche wahrnehmen zu können. Auch die Helligkeitswahrnehmung beginnt wohl schon am neunten Tag nach der Geburt (Öffnen der Augen: 13.-17. LT). Düfte können Ratten schon sehr bald (1. LT) erkennen. Dennoch entwickeln sich auch die Riechleistungen erst allmählich zu ihrer bewundernswerten Perfektion. Wie nicht anders zu erwarten, besitzen Rattenbabys auch schon eine recht differenzierte Lautsprache, die z. B. Schmerz signalisiert oder ihre Mutter zum Eintragen ins schützende Nest (mittels Nackengriff) veranlaßt. Ultraschall-Laute sind ebenso dabei wie für uns hörbare. Auch dieses Lautrepertoire wird erst innerhalb der nächsten Wochen vollendet. Unmittelbar nach der Geburt produzieren Ratten Ultraschall-Laute mit einfachen Frequenzmustern. Später wird dieses Muster komplizierter, bis es schließlich Ende der dritten Lebenswoche dem der Alttiere entspricht.

Es gibt viel zu lernen

Ab ihrem 14. Lebenstag sind Rattenkinder bereits fähig, zielstrebig im Käfig herumzukrabbeln und anhand von Duftinformationen zum Nest zurückzufinden. Das ist auch der Zeitpunkt, von dem an sie von ihrer Mutter und den anderen Rudelmitgliedern weniger prompt dorthin eingetragen werden. Und die Erwachsenen scheinen zu wissen wieso: Gerade dort abgelegt, „robben" die kleinen neugierigen Racker gleich wieder davon. Doch auch das unternehmungslustige Verhalten der Jungratten hat seine Gründe: Rattenkinder sind zwischen ihrem zehnten und 25. Lebenstag außerordentlich lernfähig und müssen deshalb gerade jetzt ihre Sinne und Fertigkeiten häufig trainieren. So schauen sie sich zum Beispiel von den Alttieren ab, welches Futter genießbar ist und wie man „taktvoll" und „erfolgversprechend" mit Artgenossen unterschiedlichen Alters und Rangplatzes umgeht.

Regelmäßige Beschäftigung mit den kleinen Ratten läßt sie rasch zutraulich und sicher werden.

Abwechslung im Alltag ist für Ratten besonders wichtig, schließlich sind sie Anpassungsspezialisten.

Auch uns Menschen müssen die Rattenkinder ausgiebig kennenlernen. Deshalb sollten Sie Ihre Kleinen bereits ab Ende der ersten Lebenswoche regelmäßig auf die Hand nehmen und streicheln. Warten Sie beim ersten „Handlings-Versuch" aber ab, bis die Rattenmama das Nest verlassen hat, damit Sie nicht versehentlich von ihr gebissen werden. Denn Rättinnen sind sehr gewissenhafte Mütter.

Sind die Rattenkinder erst einmal drei Wochen alt, dann „kommt Leben in die Bude". Zunächst freilich nur im Käfig, denn Freilauf ist für die Kleinen noch viel zu gefährlich. An der Tagesordnung sind jetzt Toben, Balgen und Scheinkämpfe mit den Geschwistern, Futterbröckchen-Stibitzen und „Nerven" der Erwachsenen – so lange, bis diese die kleinen Flitzer nach Rattenart z. B. mit Umwerfen reglementieren –, erste Klesterversuche, gemeinschaftliches Groomen und vieles mehr. Besonders auffällig ist übrigens, daß Rattenkinder sich neben solchen interaktiven Verhaltensweisen und gemeinsamen Spielen auch ganz allein und nur mit sich selbst beschäftigen können. Ein sicherer Hinweis auf die hohe geistige Leistungsfähigkeit dieser Nagerart.

Kosmos-Service

Zum Weiterlesen

Allgemeines

Ingendahl, Felicitas: Ratten. Augustus 1999.

Langos, Andrea: Pfiffige Ratten. Kosmos 1997.

Mays, Nick: The proper care of fancy rats. T.F.H.Publications 1993.

Platen, Heide: Das Rattenbuch. Goldmann 1999.

Pryor, Karen: Positiv bestärken – sanft erziehen. Kosmos 1999.

Rauth-Widmann, Brigitte: Ratten, Mäuse & Rennmäuse als Heimtiere. Oertel+Spörer 1999.

Für Kinder

Herfurtner, Rudolf; Michl, Reinhard: Ratzenspatz. Betz 1990

Roeber, Heiner: Die Rattenfamilie (Märchenbuch). Eigenverlag 1997

Enzyklopädie

Verhoef-Verhallen, Esther: Kaninchen- und Nagetiere-Enzyklopädie. Karl-Müller 1999.

Gesundheit

Schoen, Dr. med. vet. Allen M. und **Pam Proctor:** Mit Tieren fühlen. Tiere ganzheitlich heilen. Kosmos 1998.

Schönfelder, Peter und **Ingrid:** Der Kosmos-Heilpflanzenführer. Kosmos 1995.

Sonnenschmidt, Rosina: Heilende Hände für Tiere. Kosmos 1999.

Tellington-Jones, Linda und **Sybil Taylor:** Der neue Weg im Umgang mit Tieren. Kosmos 1993.

Hallo Kids!

Diese Kästen sind für euch. Hier findet ihr interessante Infos rund um eure Heimtierratten. Auf S. 22 könnt ihr nachlesen, welche Voraussetzungen ein idealer „Rattenhalter" erfüllen sollte. Typische rattige Eigenschaften verrät der Text auf S. 35. Wie der „Rattenpelz" aussieht, steht auf S. 60. 11mal Spiel und Spaß für die Ratten gibt's auf S. 93, außerdem erfahrt ihr auf S. 94, wie einfach „Signallernen" für eure Schnuppernasen ist. Die Abbildung auf S. 95 zeigt euch, wie eine Papierratte gebastelt wird. Und einen Einblick in die Rattenkinderstube gibt der Kasten auf S. 113.

Zeitschriften

Hamster & Co: Ulrich, Alheim.
Rabbit & Co: Gong, Nürnberg.
Ein Herz für Tiere: Gong, Nürnberg.
Das Tier: Ehapa, Leinfelden-Echterdingen.
Tiere, Freunde für's Leben: Dino, Stuttgart.

Nützliche Adressen

Fanclubs und Vereine

Verein der Rattenliebhaber und -züchter in Deutschland (VdRD)
Postfach 150324
D-60063 Frankfurt am Main
homepage: www.vdrd.de
email: info@vdrd.de

Rattenclub e.V.
Gemeinschaft zur Wahrung der Rechte der Ratte
Postfach 440224
12002 Berlin
Tel / Fax 030-6865385
email: info@rattenclub.de

1. Rattenzuchtverein in Deutschland e.V.
Vorsitzende Simone Grigat

email:
rattilia@bigfoot.de

- Club der Rattenfreunde Schweiz
  Birmensdorferstraße 483
  CH - 8055 Zürich
- Internationale Rattenfokkers Ledenadministratie,
  Teldersweg 237
  NL-3052 TH Rotterdam
- National Fancy Rat Society (NFRS)
  NFRS Membership Coordinator
  14 Clayhill House, Somers Close, Reigate, Surrey, RH2 9EB, United Kingdom
  London W13 9TX, ENGLAND
- The Rat and Mouse Club of America (RMCA)
  13075 Springdale St. Suite 302
  Westminister, CA 92783, USA

Tierschutzorganisationen

- Deutscher Tierschutzbund e.V.
  Baumschulallee 15
  D - 53115 Bonn
  Tel 0228-604960
  Fax 0228-6049640
- „Rattenhilfe"
  Vorsitzende Eva Göritz
  Tel 06364-993028
  Fax 06364-993029
  homepage: www.members.tripod.com/Rattenhilfe/
  email: eva.g-home-of-rats@t-online.de
- Schweizerischer Tierschutz STS
  An der Birsfelder Str. 45
  CH - 4052 Basel
  Tel 061-3611515
  Fax 061-3611516
- Zentralverband Österreichischer Tierschutzvereine
  Khleslplatz 7
  A - 1120 Wien

Verbände

- Zentralverband Zoologischer Fachbetriebe (ZZF)
  Rheinstraße 35
  D - 63225 Langen
  Tel 06103-23095

Gesundheit

- Bundes-Tierärztekammer
  Oxfordstr. 10
  53111 Bonn
- Deutsche Gesellschaft der Tierheilpraktiker
  Husemannstr. 25–27
  45879 Gelsenkirchen

Register

Bildnachweis

Mit 155 Farbfotos von:
Juniors Bildarchiv (8: 1 x Inhalt, Schanz S. 26u, 27u, 79, Steimer S. 29, 92, 98/99, 113); Kuhn (16: Lexikon ol, or, S. 33, 35, 50, 53, 54, 55, 58/59, 67, 68, 84/85, 88/89, 104, 105, 112); Roppelt-Sahara Werbeagentur/Kosmos(4: 56u, 57o,77,78); Schanz (16: 4 x vordere Klappe innen, Lexikon mo, ur, S. 6, 7, 27m, 59, 70, 74/75, 86 beide, 89, 93); Schanz/Bergmann (18: 2 x Inhalt, S. 1, 4, 28, 30, 37, 44, 46, 47, 56o, 61, 64/65, 73, 88o, 121, 122, 125); Widmann (97:2 x Inhalt, Lexikon mu, S. 3, 5, 8, 10, 11, 12, 13, 14, 15, 16, 18, 19, 20, 21, 22, 23, 24/25, 26o, 27o, 31 beide, 34, 36, 39, 40 beide, 41, 42, 43, 45, 48 alle drei, 49 alle drei, 52, 57u, 58, 60 beide, 62 beide, 62/63, 63 beide, 66, 69 beide, 70/71 beide, 72, 76 beide, 82, 83, 87, 90, 91 beide, 94 beide, 96, 97, 100, 101 beide, 102 beide, 102/103, 103 beide, 107, 108 alle drei, 109 beide, 110 beide, 111 beide, 114 beide, 115, 116 alle drei, 117 beide, 118, 119, 123).

Mit einer Farbillustration von Marianne Golte–Bechtle S. 81
Tüten-Ratte S. 95 mit freundlicher Genehmigung von Evelyn Krug und Heiko Pulcher

Danksagung

Den 22 Ratten, die in den letzten Jahrzehnten mein Leben bereicherten an dieser Stelle ein liebes DANKE:
Hugo der Erste, Tienchen und Trienchen, Wolke und Die beiden Schwarzen, Mona und Lisa, Wusel und Wutz, Kolumbus und Flitzi, Hugo und Eddi, Bella, Donna, Abricot, Dentelle, Ira, Limba, Griselda und Cindy.
Brigitte Rauth-Widmann

Autorin und Verlag danken den Kosmos-Expertinnen Dr. Anne Warrlich und Linda Tellington-Jones ganz herzlich für die Profitips auf den Seiten 81 und 83.

Impressum

Umschlaggestaltung von Atelier Reichert, Stuttgart, unter Verwendung von zwei Motiven von Karl-Heinz Widmann.

Mit 155 Farbfotos und einer Farbillustration

Die Deutsche Bibliothek – CIP-Einheitsaufnahme

Ein Titelsatz für diese Publikation ist bei Der Deutschen Bibliothek erhältlich

ISBN 3-440-08050-1
Lektorat und Bildredaktion: Ute-Kristin Schmalfuß
Grundlayout: Atelier Reichert, Stuttgart
Gestaltung: Guido Schlaich, München
Satz: Atelier Krohmer, Dettingen/Erms
Printed in Germany / Imprimé en Allemagne
Druck und Buchbinder: Westermann Druck Zwickau GmbH, Zwickau

Bitte beachten

Alle Angaben in diesem Buch sind sorgfältig geprüft und geben den neuesten Wissensstand bei der Veröffentlichung wieder. Da sich das Wissen aber laufend weiterentwickelt und vergrößert, muß jeder Anwender selbst prüfen, ob die Angaben nicht durch neuere Erkenntnisse überholt sind. Dazu muß er z. B. bei Behandlungsvorschlägen den Tierarzt konsultieren, Beipackzettel zu Medikamenten lesen, Gebrauchsanweisungen und Gesetze befolgen.

Tierpass für meine Ratten

Name

Geb-Dat. Geschlecht

gekauft am / bei

Farbe / Fell-
zeichnung

bes. Merkmale

Erkrankungen

Name

Geb-Dat. Geschlecht

gekauft am / bei

Farbe / Fell-
zeichnung

bes. Merkmale

Erkrankungen

Wichtige Adressen

Zoofachhandlung

Verein

Tierarzt

Notdienst

Extra

Das Ratten-Wohlfühl-Programm

Die tägliche Versorgung

- ◯ Feuchtfutter-Reste vom Vortag entfernen.
- ◯ Futterschalen säubern.
- ◯ Toilettenschale reinigen und frischen Vogelsand o. ä. einfüllen.
- ◯ Ggf. feuchtes Nistmaterial entfernen und trockenes anbieten (z. B. Schredder).
- ◯ Am frühen Abend Feuchtfutter reichen.
- ◯ Spätabends Trockenfutter geben.
- ◯ Wenn nötig, Wasserflasche nachfüllen.
- ◯ Ausgiebige Beschäftigungsrunde mit den Tieren, dabei auch kurze Überprüfung ihres allgemeinen Gesundheitszustandes.
- ◯ Eine Stunde Freilauf in abwechslungsreichem Areal mit vielen Spiel- und Ertüchtigungsmöglichkeiten.
- ◯ Ein Leckerchen pro Tier aus der Hand füttern, z. B. ein Bröckchen gekochtes Ei, ein Würfelchen Käse, eine Nuß, ein Joghurtdrop.

Wöchentlich zu erledigen:

- ◯ Trinkflasche reinigen.
- ◯ Käfig-Großputz: Nistmaterial, Einstreu und Futterreste entfernen, sämtliche Böden und Einrichtungsgegenstände mit heißem Wasser reinigen und gut trockenreiben, frische Einstreu, Nistmaterial usw. einbringen.
- ◯ Kontrolle der Spiel- und Klettergeräte im Käfig.
- ◯ Großen Hundekuchen reichen.
- ◯ Nagerstange einhängen.
- ◯ Kolbenhirse im Käfig auslegen.

Alle vier Wochen steht an:

Gründlicher Gesundheitscheck

- ◯ Zahnwachstum kontrollieren.
- ◯ Krallenlänge überprüfen.
- ◯ Gewichtskontrolle.
- ◯ Sorgfältiges Abtasten nach Verhärtungen in der Haut und dem darunterliegenden Gewebe.

Versorgung

- ◯ Ein bis zwei neue Spielutensilien im Käfig plazieren (neue Leitern, Röhren, Pappkartons, evtl. Exotennest).

Ratten-Traumhaus

- ◯ Käfig mindestens 80 x 50 x 150 cm (für zwei bis vier Tiere).
- ◯ An einem hellen, ruhigen und zugfreien Standort aufstellen.
- ◯ Zwei standfeste Futternäpfe.
- ◯ Nippeltrinkflasche.
- ◯ Schlafhäuschen sowie Körbchen und Röhren zum Ruhen oder Verstecken.
- ◯ Spiel-, Nage- und Kletterutensilien.
- ◯ Staubfreie Einstreu.

Kleines Ratten-Lexikon

Albino
nennt man ein Tier, das aufgrund eines Enzymdefektes den Farbstoff Melanin nicht bilden kann, und dessen Fell, Haut usw. deswegen ungefärbt bleibt. Diese Erscheinung tritt spontan auf und kann sich rezessiv (= untergeordnet) weitervererben.

Agouti
ist die ursprüngliche, graubraune Fellfärbung der Wanderratten. Diese auch Wildfarbe genannte Färbung dient vor allem der Tarnung.

Demutsstellung
ist die Unterwürfigkeitshaltung, die eine rangniedere Ratte einem ranghöheren Tier gegenüber einnimmt. Charakteristisch für diese Geste ist die Rückenlage des unterwürfigen Tieres.

Diastema
heißt die große Lücke zwischen den Schneidezähnen (= Nagezähnen) und den Backenzähnen des Rattengebisses.

Geselligkeit
wird bei Ratten großgeschrieben. Ihre fein abgestimmte Körper-, Laut- und Duftsprache trägt entscheidend zum friedlichen Miteinander in der Großgruppe bei.

Grooming
wird die Fell- und Hautpflege genannt, die die Ratten gegenseitig betreiben. Neben der Reinigung dient dieses Verhalten hauptsächlich dem Gruppenzusammenhalt.

Intelligenz
ist das geistige Leistungsvermögen, das bei Wander-, Labor- und auch bei den Heimtierratten auffallend hoch entwickelt ist.

Kastration
nennt man die Entfernung der Geschlechtsdrüsen. Bei Ratten-Böcken sind dies die Hoden, bei Rättinnen die Eierstöcke. Eine Kastration sollte – wenn überhaupt nötig! – erst beim ausgewachsenen Tier, frühestens im Alter von sechs Monaten durchgeführt werden.

Kotfressen
dient Ratten gelegentlich der Versorgung mit verdauungsfördernden Substanzen. Diese sind u.a. in ihren Ausscheidungen enthalten.

Kyphose
heißt die charakteristische Krümmung der Wirbelsäule insbesondere der Wanderratten. Auch die Heimtierratten zeigen sie.

Makrosmaten
sind allgemein Säugetiere, die wie die Ratten hervorragend riechen können und sich deswegen vorwiegend mit ihrem Geruchssinn orientieren.

Markieren
ist bei Ratten eine sehr wichtige Verhaltensweise. Mit Harn und speziellen Drüsensekreten markieren die Tiere sich gegenseitig. So entsteht der ihrer Sippe (= Lebensgemeinschaft) eigene Gruppenduft. Ebenso grenzen sie ihr Territorium durch Duftmarken gegen Gruppen-